Tópicos em
ontologia analítica

FUNDAÇÃO EDITORA DA UNESP

Presidente do Conselho Curador
Mário Sérgio Vasconcelos

Diretor-Presidente
Jézio Hernani Bomfim Gutierre

Superintendente Administrativo e Financeiro
William de Souza Agostinho

Conselho Editorial Acadêmico
Carlos Magno Castelo Branco Fortaleza
Henrique Nunes de Oliveira
Jean Marcel Carvalho França
João Francisco Galera Monico
João Luís Cardoso Tápias Ceccantini
José Leonardo do Nascimento
Lourenço Chacon Jurado Filho
Paula da Cruz Landim
Rogério Rosenfeld
Rosa Maria Feiteiro Cavalari

Editores-Assistentes
Anderson Nobara
Leandro Rodrigues

DÉCIO KRAUSE

TÓPICOS EM
ONTOLOGIA ANALÍTICA

© 2017 Editora UNESP

Direitos de publicação reservados à
Fundação Editora da Unesp (FEU)
Praça da Sé, 108
01001-900 – São Paulo – SP
Tel.: (0xx11) 3242-7171
Fax: (0xx11) 3242-7172
www.editoraunesp.com.br
www.livrariaunesp.com.br
feu@editora.unesp.br

CIP – Brasil. Catalogação na publicação
Sindicato Nacional dos Editores de Livros, RJ

K91t

Krause, Décio
    Tópicos em ontologia analítica / Décio Krause. – 1.ed. – São Paulo:
Ed. Unesp, 2017.

    ISBN 978-85-393-0658-9

    1. Ontologia. 2. Filosofia. I. Título.

16-37430   CDD: 111
                                                                      CDU: 111

Editora afiliada:

Para Mercedes

Metafísica é ontologia. Ontologia é o mais genérico estudo sobre o que existe. A evidência do que existe, ao menos no mundo físico, é fornecida exclusivamente pela pesquisa empírica. Daí o fato de que o objeto apropriado da maior parte da metafísica seja a análise cuidadosa de nossas melhores teorias (especialmente das teorias fundamentais da física) com o objetivo de determinar o que elas implicam para a constituição do mundo físico.[1]

---

1. Metaphysics is ontology. Ontology is the most generic study of what there exists. Evidence for what exists, at least in the physical world, is provided solely by empirical research. Hence the proper object of most metaphysics is the careful analysis of our best theories (and specially of fundamental physical theories) with the goal of determining what they imply about the constitution of the physical world. (Maudlin, The Metaphysics within Physics, p.104.)

Sumário

Prefácio   13

1. Introdução   15

2. O problema ontológico   27
   As duas faces do problema ontológico   28
   Algumas questões relacionadas ao tema da ontologia   30
   Alguns princípios da lógica clássica   37
   Meinong e sua teoria de objetos   41
   As críticas de Russell   46

3. Descrições definidas   49
   Frases descritivas   50
   Nomes como descrições abreviadas   57
   Eliminação das descrições por definições contextuais   58
   Ocorrências de uma descrição   59

O mundo das ficções   61
As críticas de Strawson a Russell   65
Lógica elementar com o descritor   68

4. Ser é ser o valor de uma variável   75
   Comprometimento ontológico   76
   Eliminação de termos singulares   84
   Verdade   85
   A redução ontológica e
     o critério de identidade   87
   O que é "ter identidade"?   94

5. Lógica e ontologia   99
   Lógica e lógicas   99
   A evolução da lógica tradicional   103
   As lógicas não clássicas   107
   A lógica é *a priori* ou empírica?   109
   Inter-relações entre lógica e ontologia   114
   Existência e quantificação   117
   Existências   124
   Os postulados de ZFC   127
   ZFC e o "conjunto" universal   131
   O "conjunto" de Russell   133
   O que pode ser o valor de uma variável?   135

6. Ontologia e física   141
   Partículas e ondas   144
   Estranhezas quânticas   153
   A linguagem e os objetivos do físico   177
   Teorias de substrato e teorias de pacotes   186
   Observações sobre o espaço e o tempo   188

7. Ontologia de não indivíduos   **195**
   Níveis de empenho ontológico do físico   **196**
   Entidades sem identidade   **198**
   Consequências da teoria tradicional da
   identidade   **205**
   Uma visão de algumas teorias científicas e
   de seu progresso   **213**

Referências bibliográficas   **221**

Índice remissivo   **233**

Prefácio

Este livro surgiu a partir de notas de aula preparadas para a disciplina Ontologia II, do curso de Filosofia da Universidade Federal de Santa Catarina (UFSC), e visa ser utilizado, em sala de aula, nos cursos de graduação e pós-graduação em Filosofia. No entanto, também pode ser útil aos interessados em temas ontológicos da contemporaneidade, em especial nos vínculos entre ontologia e lógica e entre ontologia e física. A ênfase dada pretende incentivar uma futura investigação, se é que se pode falar assim (discutiremos isso oportunamente), das bases ontológicas das teorias físicas, principalmente da física quântica, porém a simples apresentação da questão não exige do leitor qualquer conhecimento prévio além da física ensinada no colégio. Os temas são encadeados de forma que os capítulos iniciais possam ser utilizados em um curso que não se aprofunde em física.

É importante salientar que o texto introduz a maioria dos tópicos e estabelece vínculo entre eles. É aconselhável que o leitor tenha familiaridade com a linguagem da lógica atual, em especial o trato com quantificadores. Em virtude do caráter introdutório dessas notas e da complexidade do assunto, não serão consideradas aqui questões relacionadas ao espaço e ao tempo, essenciais em qualquer discussão sobre ontologia, mas extremamente problemáticas no contexto da ciência presente. Oportunamente, falaremos mais sobre essa restrição e seus motivos (ver a seção "Observações sobre o espaço e o tempo", no Capítulo 6).

O título *Tópicos em ontologia analítica* se deve ao fato de a obra não cobrir todo o material envolvido com os assuntos tratados, o que seria impossível de realizar em um único volume (e talvez por um único autor), e a denominação "analítica" segue uma tendência recente (provavelmente dos anos 1980 até a atualidade) de denominar como *ontologia analítica* e *metafísica analítica* os estudos em ontologia e, mais geralmente, em metafísica, de um ponto de vista analítico. Temas como a ontologia formal de Husserl e as ideias de filósofos como Heidegger, entre outros, não serão abordados, pois estenderiam demais o presente volume, em razão da importância desses autores, e devido à minha falta de competência para escrever sobre esses filósofos. Assim, proponho algo mais modesto e, na Introdução, tento delinear esse "viés analítico" o mínimo necessário para que o título do livro seja justificado.

Após a Introdução, abordo o chamado *problema ontológico* (Capítulo 2), no qual a questão ontológica básica é apresentada. Segue uma exposição mínima da teoria das descrições de Russell (Capítulo 3), para, então, adentrarmos no que é considerado o presente paradigma da análise ontológica: o critério de comprometimento (ou compromisso) ontológico de Quine (Capítulo 4). As partes originais do texto vêm nos capítulos finais, nos quais são analisadas as inter-relações entre lógica e ontologia (Capítulo 5) e entre ontologia e física (Capítulo 6). O capítulo final discute a indeterminação de uma ontologia por uma teoria física, revisa os principais pontos apresentados e coloca novas questões, sugerindo alguns aprofundamentos que devem ser levados em conta em um estudo mais detalhado.

Agradeço aos colegas Newton da Costa (pelos ensinamentos constantes), Jonas Arenhart, Celso Braida, Steven French, Otávio Bueno, Christian de Ronde, Federico Holik, Graciela Domenech e, principalmente, a meus alunos de diversos cursos realizados por terem contribuído com estas notas. Agradeço especialmente ao professor Jézio Gutierre, da Editora Unesp, que acolheu este texto.

O autor

1
Introdução

A literatura filosófica consagrou a palavra "ontologia" para designar a disciplina, ou parte da filosofia, que, nas palavras de Aristóteles (384-322 a.C.) se ocupa do "ser enquanto ser" (ou do "ente enquanto ente"). De acordo com o filósofo, "Há uma ciência que investiga o ser enquanto ser e os atributos que a ele pertencem em virtude de sua própria natureza".[1] Essa ciência, descrita como *primeira filosofia*, seria a ciência das causas e princípios últimos, devendo ser concebida como o ponto de partida para todas as outras ciências (ou disciplinas). A primeira filosofia aristotélica é apresentada em um livro que, posteriormente, foi denominado *Metafísica*, quando de uma reorganização de suas obras (acredita-se que) feita por Andrônico de Rodes (c. 60 a.C.), devido ao fato de haver sido colocado (possivelmente pensando-se que deveria ser lido) depois do livro *Física*, no qual Aristóteles trata da natureza e do mundo natural.[2]

Hernán Zucchi, em um comentário em sua tradução espanhola de *Metafísica*, de Aristóteles, emenda que, em certas passagens,

---

1. Aristóteles, *Metafísica*, г 1003a20.
2. A palavra "metafísica" indicaria que esse tratado apresentava-se *depois* do tratado de física.

"essa ciência estuda o ente enquanto ente *de modo universal*", mas, em outras, o ente é visto "como realidade separada e imóvel",[3] ou seja, concebendo as discussões sobre uma forma especial de ser que está além das substâncias sensíveis, por exemplo, Deus. Assim, resulta uma divisão de campos. Como sustenta Zucchi,

> a diferença tradicional desses textos, aparentemente inconciliáveis, deu lugar ao que posteriormente um tal de Micraelius [ele se refere a Johann Micraelius, 1597-1658], no século XVII, batizaria [...] com os nomes de *metaphysica generalis et metaphysica specialis*. Essa denominação foi aceita unanimemente. Muito depois, a *metaphysica generalis* foi chamada de ontologia, e a *specialis*, ontologia regional, metafísica, teologia etc.[4]

Desse modo, parece que podemos dizer que a metafísica geral, ou ontologia, se ocupa da natureza e constituição da realidade, bem como de sua estrutura e dos conceitos mais gerais do *ser*, ao passo que a metafísica especial, ou teologia, se ocupa da existência de entidades como Deus. (Nos capítulos finais, veremos que há, atualmente, uma grande discussão sobre o sentido da palavra "realidade", em virtude das conquistas da física quântica.)

Ao que tudo indica, o primeiro uso da palavra "ontologia" ocorreu na obra *Ogdoas Scholastica* (1606), de Jacob Lorhard (1561-1609). A denominação *ontologia* foi associada, portanto, ao estudo *daquilo que há*, na acepção da *metaphysica generalis*. Assim, no sentido tradicional, podemos dizer que a ontologia é parte da filosofia que se ocupa do estudo do ser ou, em outras palavras, daquilo que há. Desse modo, não haveria sentido em dizer que pode haver mais de uma ontologia. Isso não faria sentido porque o que há é o que há e, se nos ocuparmos de seu estudo, devemos desvendar as espécies de seres. No entanto, modernamente admite-se que por ontologia podemos entender também o estudo daquilo que

---
3. Aristóteles, *Metafísica*, p.44.
4. Ibid.

há do ponto de vista de uma teoria ou concepção, ou seja, daquilo com que nos comprometemos quando adotamos determinada visão ou teoria (ficaremos, doravante, considerando uma teoria científica). Nesse sentido, haveria como falar, por exemplo, da *ontologia de uma mecânica quântica* ou da *ontologia de uma teoria quântica de campos*, ainda que seja difícil caracterizá-las em um ou outro caso. Em linhas gerais, isso significaria mais ou menos o seguinte: uma vez que adotemos uma dessas teorias, as quais nos contam como podemos entender uma parcela da realidade, com que tipo de entidades estaremos comprometidos? O que há, do ponto de vista da teoria adotada? Como seriam as entidades sob o foco dessas teorias?

Nesse sentido, encontramos, por exemplo, a seguinte ideia de Meinard Kuhlmann na obra *Ontological Aspects of Quantum Field Theory*:[5] "[A] ontologia concerne às características mais gerais, às entidades e às estruturas do ser. Podemos investigar a ontologia em um sentido muito geral ou com respeito a uma particular teoria ou de uma parte ou aspecto particular do mundo".[6]

Essa nova acepção de ontologia, *vinculada* a uma teoria (ou ontologia *naturalizada*), é fruto dos avanços da ciência atual, aparentemente muito dependente de uma forma de kantismo, que nos ensina que não podemos conhecer o mundo como ele é,[7] mas apenas uma parcela do mundo tal como ele nos parece do ponto de vista de uma teoria. Assim, para a mecânica clássica, há partículas e ondas, e o mesmo se dá para algumas interpretações do formalismo da mecânica quântica não relativista. No entanto, para a mecânica quântica relativista (teorias quânticas de campos), as entidades fundamentais são campos, e as partículas aparecem como situações

---

5. Kuhlmann et al., *Ontological Aspects of Quantum Field Theory*. No Capítulo 6, há outras referências a esse ponto. Citamos aqui o nome do livro para que o leitor perceba como questões ontológicas têm tido repercussão na filosofia da física.
6. Kuhlmann, Quantum Field Theory, *The Stanford Encyclopedia of Philosophy*.
7. Kant sustentava que não é possível conhecer as coisas em si, como elas são por si mesmas, à parte da experiência possível.

especiais (excitações) dos campos. Ou seja, mudando de teoria, mudamos de ontologia. Da mesma forma, Brigitte Falkenburg, em seu livro *Particle Metaphysics*, salienta que "a ontologia de uma teoria física é o domínio sugerido por ela e [envolve] os tipos de entidades às quais ela se refere".[8] Desse modo, uma ontologia torna-se algo dependente da teoria e, indo um pouco mais fundo, como veremos no Capítulo 5, da lógica subjacente à teoria considerada. Como enfatizaremos posteriormente, mudar de lógica também implica, quase sempre, mudar de ontologia. Essa perspectiva, que necessita de qualificação, abala profundamente os alicerces "tradicionais", que concebem a ontologia como o estudo do que há, e de entes cujo *status* deveria independer de qual teoria estejamos considerando. Aliás, para enfatizar, recordamos um resultado importante em física, chamado de *efeito Unruh*, que, sucintamente, ocorre quando um observador acelerado detecta radiação (portanto, partículas) onde um observador em repouso não detecta nada.[9] Ou seja, em certo sentido, a discussão sobre aquilo que há pode depender do estado do observador. É patente que as discussões sobre ontologia não podem mais desconhecer a lógica e a ciência presentes. De certo modo, hoje tendemos a rejeitar qualquer forma de *armchair ontology*.[10]

A perspectiva de adotarmos o sentido corrente do termo *ontologia*, permitindo que possa envolver a *ontologia de uma teoria*, nos remete a considerar aspectos fundamentais das teorias científicas que importariam no seu *comprometimento ontológico*, como sua linguagem e sua lógica. Sendo assim, um caminho sensato consiste

---
8. Falkenburg, *Particle Metaphysics*, p.165.
9. De acordo com a relatividade geral, observadores acelerados um em relação ao outro podem não partilhar dos mesmos sistemas de coordenadas espaçotemporais. Assim, eles detectariam estados quânticos distintos e diferentes estados do vácuo: para um deles, pode haver radiação, mas, para o outro, não. É importante salientar que a noção de vácuo é distinta da intuitiva, segundo a qual "vácuo é a ausência de matéria", significando simplesmente o estado de menor energia possível – não há região do espaço livre de alguma radiação.
10. Ou seja, uma "ontologia de poltrona", concebida sem qualquer interação com o mundo exterior e independente de qualquer ciência.

em recorrer à chamada *filosofia analítica* para tal estudo, e denominar de *ontologia analítica* aquela parte da filosofia analítica que se ocupa dos estudos ontológicos de um ponto de vista *analítico*, uma tendência que se acentuou muito no século XX. No entanto, não faremos aqui qualquer histórico detalhado dessa tradição.[11] Costuma-se dizer que a filosofia analítica é uma filosofia "anglo-americana", tendo surgido principalmente com Russell e Moore (e depois com Wittgenstein, Ryle e Austin, entre outros), como uma oposição ao idealismo de filósofos como Bosanquet e Bradley, e devido ao seu desenvolvimento posterior nos Estados Unidos, quando da migração de vários filósofos analíticos, notadamente Rudolf Carnap, bem como da existência de filósofos analíticos nos Estados Unidos, como Quine. Segundo o filósofo inglês Michael Dummett (1925-2011), trata-se de um erro, pois Russell, principalmente, tinha perfeito conhecimento dos trabalhos de filósofos de fala alemã que já seguiam muito de perto as tendências "analíticas". Para Dummett, a despeito do que fizeram os filósofos escandinavos, italianos e espanhóis, a filosofia analítica deveria ser considerada "anglo-austríaca"[12] (lembramos que Wittgenstein era austríaco). Segundo ele, o que caracteriza essa linha filosófica é, primeiramente, a crença de que uma abordagem filosófica ao pensamento pode ser conseguida por meio da análise filosófica da linguagem e, em segundo, que pode ser feita somente desse modo.[13]

Para se ter uma ideia das diferenças entre essas correntes, veja o que Nicholas Rescher disse:

[o i]dealismo certamente não necessita ir tão longe quanto afirmar que a mente *cria* ou *constitui* a matéria; é suficiente manter (e.g.) que todas as propriedades que caracterizam os existentes físicos assemelham-se a propriedades sensórias fenomenológicas por representar disposições para afetar a mente das criaturas

---

11. Podem-se encontrar referências à ontologia analítica facilmente na internet.
12. Dummett, *Origins of Analytical Philosophy*, p.1-2.
13. Ibid., p.4.

hábeis de um certo modo, de sorte que essas propriedades não podem permanecer sem o auxílio das mentes.[14]

Mais à frente, o autor distingue o realismo ingênuo e o idealismo considerando a frase "As coisas externas existem exatamente como nós as conhecemos". Segundo ele, pareceremos realistas (ingênuos) ou idealistas se, ao lê-la, dermos ênfase às quatro primeiras palavras ou às cinco últimas, respectivamente.

O grande impulso alcançado pela filosofia analítica deve muito ao *Tractatus Logico-Philosophicus*, de Wittgenstein, publicado em 1921, que, *grosso modo*, enfatiza a ideia de que a estrutura da linguagem revela a estrutura do mundo.[15] Por exemplo, diz Wittgenstein:

4.003 A maioria das proposições e questões sobre temas filosóficos não são falsas, mas contrassensos. Por isso, não podemos de modo algum responder a questões dessa espécie, mas apenas estabelecer seu caráter de contrassenso. A maioria das questões e proposições dos filósofos surgem de nossa falha em entender a lógica de nossa linguagem. [...]
E não é surpreendente que os problemas mais profundos *não* sejam propriamente problemas.
4.0031 Toda filosofia é "crítica da linguagem." [...]

Essa filosofia influenciou o chamado Círculo de Viena, uma congregação de filósofos, lógicos e demais cientistas (que floresceu nos anos 1920) que se reuniam em torno de figuras como Moritz Schlick (1882-1936), tendo como expoentes Rudolf Carnap (1891-

---
14. Rescher, Idealism, in: Audi (Ed.), *The Cambridge Dictionary of Philosophy*.
15. O leitor sem muita experiência deve ser avisado de que deve tomar cuidado com frases como esta – principalmente em se tratando de frases de autores como Wittgenstein, que soam interessantes, mas que podem, se desconsiderado que devem ser lidas dentro de certo contexto, originar mal-entendidos e interpretações errôneas.

1970), Herbert Feigl (1902-1988), Hans Hahn (1879-1934), Otto Neurath (1882-1945), entre outros, como Alfred Jules Ayer (1910-1989), um dos maiores divulgadores das ideias do Círculo na Grã--Bretanha.[16] Para esses filósofos (os *positivistas lógicos*), a filosofia deveria centrar esforços no ataque aos problemas das sentenças científicas, relegando as "verdades metafísicas" a pseudoproblemas. Carnap, que celebrizou uma crítica à imprecisão da "linguagem metafísica", exemplificando com a célebre frase de Heidegger "Das Nichts selbst nichlet" (algo como "o nada nadifica"),[17] destacou, entre outras, as seguintes expressões: "o Absoluto", "o Infinito", "o Ser-que-está-sendo", "o Espírito objetivo" como casos de sem--sentidos.[18]

Carnap distingue entre *questões internas* e *questões externas* relativas a uma teoria (na verdade, ele fala de "*frameworks* linguísticos").[19] Tomemos, por exemplo, a aritmética. São exemplos de questões internas (resolvíveis *dentro* da teoria): "Mostrar que 1 + 1 = 2", "Existe um número primo maior do que 2 e menor do que 6?". Como exemplos de questões externas ("metafísicas"), temos: "Existem números?", ou "Há alguma forma de platonismo envolvida com os pressupostos da aritmética usual?". As questões externas seriam destituídas de sentido, enquanto as internas poderiam ser respondidas no âmbito da teoria.

O próprio Russell traça algumas linhas sobre as origens do que denomina como *filosofia da análise lógica*, no Capítulo XXXI de sua *História da filosofia ocidental*. Segundo ele, deve-se principalmente aos matemáticos do século XIX o desejo de "limpar sua

---

16. Ayer, *Logical Positivism*; Id., *Language, Truth and Logic*.
17. Carnap, Empiricism, Semantics, and Ontology, *Revue Internationale de Philosophie*, n.4, 1950, está disponível em: http://www.ditext.com/carnap/carnap. html, e tem tradução em Ayer, *Logical Positivism*.
18. Ver Carnap, The Elimination of Metaphysics through the Logical Analysis of Language, in: Ayer, op. cit., p.73; na tradução espanhola: Ayer (Ed.), *El positivismo logico*. O leitor interessado em aprofundar essa questão particular pode consultar também o primeiro capítulo de Ayer, *Language, Truth and Logic*.
19. Carnap, op. cit., 1950.

matéria de sofismas e raciocínios desmazelados",[20] que eram comuns até então, como o uso de infinitesimais nos fundamentos do cálculo diferencial e integral, a não aceitação de outro tipo de infinito que o "potencial", e de conceitos usados de forma extremamente vaga, como os de continuidade, função e número.[21] Uma das consequências desse "retorno aos fundamentos", que exigia uma esmerada análise lógica dos conceitos e o desenvolvimento de linguagens adequadas (como a teoria dos tipos, que foi criada pelo próprio Russell, a axiomatização da teoria de conjuntos por Zermelo, entre outras), resultou na criação (ou desenvolvimento) da lógica matemática e da teoria de conjuntos.

No século XX, como diz Russell,

foi-se tornando claro que uma grande parte da filosofia pode ser reduzida ao que podemos chamar de *sintaxe*, embora a palavra tenha que ser empregada num sentido mais amplo do que tem sido até agora habitual. Alguns homens, notadamente Carnap, expuseram a teoria de que todos os problemas filosóficos são, na realidade, sintáticos e que, quando são evitados erros de sintaxe, um problema filosófico ou é resolvido ou mostra a sua insolubilidade. Penso, e Carnap agora concorda [o texto original é de 1945], que isso é um exagero, mas não há dúvida de que a utilidade da sintaxe filosófica, em relação aos problemas tradicionais, é muito grande.[22]

Um dos exemplos mais notáveis dessa alegada utilidade vem com a teoria das descrições do próprio Russell (a qual será estudada

---
20. Russell, *História da filosofia ocidental*, p.383.
21. Os detalhes não são assunto deste livro, mas o leitor interessado pode consultar um livro como Boyer, *História da matemática*. Sobre esse assunto, também há Krause, *Introdução aos fundamentos axiomáticos da ciência*.
22. Russell, op. cit., p.385.

no Capítulo 3), que, segundo ele, "esclarece os milênios de confusão acerca da *existência*, começando pelo *Teeteto* de Platão".[23, 24] Retornando um pouco mais ao texto mencionado de Russell, ele aponta (já em 1945) algumas direções, em física, que a "análise analítica" não poderia deixar de percorrer, com especial destaque para a mecânica quântica.[25] Claro que Russell não poderia antecipar muito do que se fez em filosofia nos últimos 50 ou 60 anos. O Capítulo 6 tenciona introduzir algumas dessas questões por um prisma "analítico", ainda que, como mencionado anteriormente, deixando de lado os problemas fundamentais relacionados ao espaço e ao tempo.

Com relação ao "programa de eliminação da metafísica", propugnado principalmente pelos positivistas lógicos (Círculo de Viena e suas ramificações), cabe notar que houve uma retomada de questões metafísicas no seio dessa mesma corrente a partir dos anos 1950, por exemplo, com Quine e Strawson, e depois com Kripke, David Lewis e muitos outros.[26] Os temas metafísicos e, em

---

23. Ibid., p.386.
24. Como não será feita uma digressão aos textos de Platão, a seguir uma passagem é reproduzida, a fim de deixar clara a referência ao diálogo mencionado, também citada em parte por Simpson, *Linguagem, realidade e significado*, p.84.
    "*Sócrates*: E se alguém formula um juízo, pensa sobre algo, não é assim?
    Teeteto: Necessariamente.
    Sócrates: E quando pensa algo, pensa sobre uma coisa que é?
    Teeteto: Sim.
    Sócrates: De modo que pensar o que não é, é pensar sobre nada.
    Teeteto: Sim.
    Sócrates: Mas, seguramente, pensar nada não é pensar em absoluto.
    Teeteto: Parece evidente.
    Sócrates: Logo, não é possível pensar o que não é, nem em si mesmo nem em relação ao que é."
    Este é, como veremos nas palavras de Quine, o "enigma platônico do não ser", que nos interessará em algumas versões no que se segue (há inúmeras versões dos diálogos platônicos na web).
25. Russell, *História da filosofia ocidental*.
26. Symons, *A Sketch of the History and Methodology of Ontology in the Analytic Tradition*.

particular, ontológicos (na medida em que se pode falar de uma distinção entre essas duas disciplinas), como teremos chance de ver em alguns casos, permeiam a lógica, a matemática e a ciência presentes. Aliás, isso sempre ocorreu; Bertrand Russell e Ludwig Wittgenstein, dois dos principais articuladores da filosofia analítica, encerravam ideias metafísicas em suas concepções, como suas versões da teoria do atomismo lógico (como reconheceu o próprio Russell).[27] Na abordagem de Russell, a doutrina sustenta que o mundo consistiria de objetos singulares, ou particulares simples (os "átomos"), que teriam qualidades igualmente simples e manteriam entre si relações simples. Russell visava contrastar filósofos idealistas que sustentavam que a realidade consistia em uma totalidade cujas partes estão relacionadas entre si e que não podem ser facilmente separadas sem causar distorções. De acordo com Avrum Stroll (1921-2013), uma das consequências desse "monismo" idealista era que nenhum enunciado singular é completamente verdadeiro ou falso, mas apenas parcialmente verdadeiro ou falso, na medida em que as noções de verdade e falsidade se aplicam a esses enunciados.[28] Para Russell, ao contrário, os fatos são compostos de coisas singulares, o que permite sua individualização, podendo então os enunciados serem verdadeiros ou falsos.[29]

Como se pode ver, questões metafísicas estão sempre permeando as discussões filosóficas, não sendo possível descartá-las por completo. Assim, por *ontologia analítica* entenderemos os estudos de ontologia (no sentido da metafísica geral visto anteriormente) desenvolvidos no estilo da filosofia analítica, ou seja, enfatizando a análise das linguagens e o uso da lógica e dos sistemas matemáticos em geral.[30] Nosso objetivo não é apresentar um

---

27. Stroll, *La filosofía analítica del siglo XX*, p.40.
28. Ibid.
29. Note que hipótese semelhante é pressuposta pela lógica clássica, quando assume que o valor de verdade de uma sentença complexa é função dos valores de verdade das sentenças atômicas que a compõem.
30. Uma boa revisão histórica dessa disciplina pode ser vista em Symons, *A Sketch of the History and Methodology of Ontology in the Analytic Tradition*.

tratado geral de ontologia, mas destacar pontos relevantes que conduzam a um estudo das bases ontológicas (e metafísicas) da ciência presente, em especial da física.

Finalmente, uma observação: foi mencionado anteriormente que os conceitos de espaço e de tempo são problemáticos no contexto da ciência presente. Como estamos adotando uma visão *relativizada* (ou *naturalizada*, como preferem alguns) da ontologia, devemos considerar essas questões, pois as entidades que povoam nossa ontologia (ou o mundo) estão certamente localizados no espaço e no tempo. Como uma discussão pormenorizada estaria para além do escopo deste livro, abordaremos isso brevemente no Capítulo 6, em "Observações sobre o espaço e o tempo".

Em resumo

Em linguagem mais atual, a palavra "ontologia", apesar de ter agregado diversos significados ao longo do tempo, quase sempre designou a parte da metafísica que trata das estruturas mais gerais daquilo que há, ou seja, de como as coisas são por si mesmas. Presentemente, no entanto, é aceitável que, dada uma teoria científica, se indague como o mundo seria do ponto de vista da teoria, ou seja, o que seriam as coisas com as quais ela nos compromete. Claro que, por essa perspectiva, o mesmo domínio pode se apresentar de diferentes formas, dependendo da teoria utilizada para investigá-lo. Adiante, haverá oportunidade para analisar tal afirmativa mais detalhadamente. Essa é a visão relativizada, ou naturalizada, da ontologia, adotada nesta obra.

2
O PROBLEMA ONTOLÓGICO

Para o filósofo norte-americano Willard van Orman Quine (1908-2000), o problema ontológico pode ser condensado em uma pergunta simples: "O que há?". Sua resposta se resume a apenas uma palavra: "Tudo!".[1] A resposta é intrigante. Tudo? Então há duendes, triângulos, cavalos alados, neutrinos? Diante da importância de Quine, que fez contribuições realmente valiosas aos estudos de ontologia no escopo da filosofia analítica, proporcionando um direcionamento teórico que muito influenciou os estudos ontológicos contemporâneos, devemos, com certeza, procurar entender sua resposta enigmática, ainda que suas ideias não sejam imunes à discussão e tenham sido criticadas (como aliás acontece, via de regra, com qualquer filósofo). O seu *critério de comprometimento ontológico* (ou *compromisso ontológico*, como preferem alguns) é algo que todo estudante de filosofia deveria conhecer.

O que faremos neste capítulo será introduzir as principais ideias que antecedem Quine nesse tipo de questão – as ideias de Quine serão apresentadas no Capítulo 4. Com efeito, ele utiliza muito a teoria das descrições de Russell (que veremos no próximo capítulo) e, para introduzi-la, precisamos retornar um pouco.

---

1. Quine, Sobre o que há, in: *Ryle, Strawson, Austin, Quine*.

Correndo o risco de haver imprecisão ou omissões, iniciamos caracterizando algumas formas de se atacar o problema ontológico e, depois de algumas ideias básicas sobre os alicerces da lógica clássica, falaremos brevemente sobre Alexius Meinong e sua teoria de objetos.

As duas faces do problema ontológico

De acordo com o filósofo argentino Thomas Moro Simpson, podemos olhar para o problema ontológico mencionado anteriormente de duas maneiras: a primeira trataria da questão da veracidade das frases existenciais negativas; a segunda, da questão da existência dos sujeitos gramaticais das frases significativas.[2]

A segunda maneira apresenta-se em afirmativas como "O atual rei da França é calvo". Dado que não há um atual rei da França, a que corresponde o sujeito dessa sentença? Se dizemos "Elizabeth II é a atual rainha da Inglaterra", sabemos perfeitamente a quem se refere o sujeito da frase (uma simpática senhora inglesa que sabemos identificar por fotos, por exemplo). Contudo, e no caso do atual rei da França? E na frase "Pégaso era o cavalo alado de Belerofonte", sobre a qual sabemos que, de acordo com a mitologia, Pégaso era mesmo o cavalo de Belerofonte, a que corresponde o sujeito da sentença?

Quanto à primeira questão, suponha que afirmemos que "Não há duendes". Ora, isso não implica que teremos de assumir a existência de duendes, para, depois, negá-la? Tal questão foi denominada por Quine de *enigma platônico do não ser* e, segundo ele, pode ser assim colocado: "o não ser deve em algum sentido ser, caso contrário, o que é aquilo que não é?".[3] O problema do não ser remonta aos pré-socráticos, e constitui tema que necessitaria de análise

---

2. Simpson, *Linguagem, realidade e significado*, cap.3.
3. Quine, Sobre o que há, in: *Ryle, Strawson, Austin, Quine*.

detalhada, impossível de ser feita em poucas linhas.⁴ Como esse não é o objetivo desta obra, mencionaremos apenas que Parmênides (c. 530-460 a.C.), em seu célebre poema *Sobre a natureza*, por meio da deusa Justiça, muda o discurso anterior dos filósofos, que procuravam o conhecimento na origem das coisas ou dos primeiros princípios do mundo (*arkhé*, em grego), para a busca pelos modos de se chegar ao conhecimento, utilizando o discurso sobre o ser, já que a trilha pelo *não ser* seria insondável. Como indica a deusa no poema,

II

Pois bem, agora vou eu falar, e tu, prestes atenção ouvindo a [palavra] acerca das únicas vias de questionamento que são a pensar:
uma, para o que é e, como tal, não é para não ser,
é o caminho de Persuasão – pois segue pela Verdade –,
outra, para o que não é e, como tal, é preciso não ser,
esta via afirmo-te que é uma trilha inteiramente insondável;
pois nem ao menos se conheceria o não ente, pois não é realizável,
nem tampouco se o diria:

III

... pois o mesmo é a pensar e também ser.⁵

Ou seja, o *não ser* não poderia ter qualquer forma de existência, e é precisamente isso que será questionado pelos filósofos posteriores. Por exemplo, em seu diálogo *O sofista*, Platão tenta distinguir o filósofo do sofista,⁶ procurando sobretudo definir o que seria este último. Uma das estratégias consiste em reconhecer, como salienta Hebeche, que "a essência do sofista só pode ser enfrentada

---

4. Há muitas obras sobre esses filósofos, a saber: os verbetes da *Stanford Encyclopedia of Philosophy*, a começar por Curd, Presocratic Philosophy, *The Stanford Encyclopedia of Philosophy*, estão acessíveis na internet. Pré-socráticos, *Os filósofos pré-socráticos*, que é o primeiro volume da Coleção Os Pensadores, da Abril Cultural, é outra boa referência.
5. Tradução do Laboratório Ousia, da UFRJ.
6. Aquele que faz raciocínios capciosos.

por filósofos, pois só eles poderão arriscar-se a tratar do problema do erro, do falso e, portanto, do não ser".[7] Isso se deveria ao fato de o sofista dominar a *arte do simulacro*, do que é falso em relação à realidade. Assim, para enfrentá-lo, devemos saber como dizer o que não é sem, no entanto, nos comprometermos com ele. Hebeche cita Platão: "é preciso supor ou conjecturar o não ser como ser, pois nada de falso seria possível sem esta condição".[8] O assunto, como se percebe, invade as discussões ontológicas até mesmo nos dias de hoje e apresenta questões relevantes para a filosofia da ciência, a filosofia da linguagem, bem como para a epistemologia, a lógica e a ontologia.

Com efeito, as investigações da ciência atual estão repletas de entidades que não sabemos ao certo se de fato *são*, como partículas virtuais e outras entidades como "cordas", "supercordas" etc. Seriam elas apenas *ficções úteis*, ou teriam algum significado ontológico? A que se reduz a ontologia de uma teoria? O que significa "existir"? (Ver questões apresentadas no início da próxima seção.)

Desde o desenvolvimento da lógica e da filosofia analítica em geral, essas questões ganharam uma perspectiva que não é meramente especulativa, mas que podem ser analisadas em consonância com o uso que fazemos das linguagens. É precisamente nesse contexto que o critério de comprometimento ontológico de Quine aparece, como veremos.

Algumas questões relacionadas ao tema da ontologia

Motivados pelas questões formuladas anteriormente, que têm conexão com o problema ontológico, podemos fazer as seguintes perguntas:

---

7. Hebeche, *Ontologia I*, p.111.
8. Platão, *O sofista*, 237a, apud Hebeche, loc. cit.

(1) O que significa "existir"?
(2) Dois conceitos básicos da física, desde a física clássica até a moderna teoria quântica, são "partícula" e "onda", que auxiliam a formular explicações adequadas (no sentido de conformarem-se à experiência) sobre a realidade. O que são partículas? O que são ondas?
(3) O que são significados? Como os significados se relacionam com as sentenças, as linguagens e as teorias?
(4) O que são nomes próprios, como "Maria", "Pégaso", e como eles são (ou podem ser) utilizados? Podemos utilizá-los em qualquer contexto?
(5) Por exemplo, em física quântica, somos livres para nomear uma partícula elementar de modo que o nome funcione na acepção usual (por exemplo, como "Napoleão Bonaparte" designa um certo general francês)? Que acepção é essa?
(6) Qual é a diferença entre o nome próprio "Napoleão Bonaparte" e a expressão (que aprenderemos ser uma descrição definida) "o general francês que foi derrotado na batalha de Waterloo"? Podemos chamar um elétron de Napoleão Bonaparte? Se sim, ao fazermos isso, esse nome funcionará como um nome próprio na acepção comum?[9] Se não podemos, por que não o podemos?[10]
(7) Por que os nomes e as sentenças estão destacados entre aspas nas questões acima?
(8) Qual é o papel da lógica nas discussões de natureza ontológica?
(9) Em física, falamos em partículas virtuais e supomos entidades físicas que não têm qualquer comprovação experimental. Elas "existem"? Em que sentido? Qual é seu papel nas teorias?

---

9. Claro que estamos pressupondo algum conhecimento sobre a chamada *teoria dos nomes próprios*, que tem várias versões; o livro mencionado de Simpson aborda o assunto em questão.
10. Esta última questão merecerá destaque no Capítulo 6.

(10) O que significa "ontologia de uma teoria"? Há sentido em tal expressão?
(11) Existem triângulos, círculos, números? O que isso significa?
(12) Quais são as relações entre lógica e linguagem?
(13) Existem os objetos da ficção, como duendes e Sherlock Holmes?
(14) O que Einstein pretendia dizer a Heisenberg ao afirmar que é a teoria que determina o que pode ser observado? Não há "observação pura"?

Essas são apenas algumas das questões relevantes para a discussão ontológica atual. Não podemos esperar respostas para todas elas, nem aprofundar tanto em qualquer uma delas para uma discussão filosófica detalhada em notas de caráter introdutório como estas. O que objetivamos é apresentar algumas dessas questões da maneira mais geral possível, visando introduzir a problemática e despertar o interesse do estudante e do leitor curioso.

Um dos problemas que a filosofia analítica enfrenta em questões como essas é o do uso essencial que torna a lógica auxiliar em questões linguísticas e filosóficas. Até meados do século passado, as lógicas não clássicas não haviam sido suficientemente desenvolvidas para que se percebesse o seu alcance e uso em áreas como a filosofia da linguagem, a filosofia da ciência e a epistemologia. Isso mudou sobremaneira nos últimos 50 ou 60 anos, mas as relações desses sistemas com a ontologia constituem ainda um tema que requer estudo e aprofundamento, principalmente em razão da enorme transformação que ocorre no campo científico, decorrente das teorias físicas mais recentes, que (como sustentam alguns) não são passíveis nem mesmo de comprovação experimental. (Ver Capítulo 6.)

Assim, dentro do espírito que rege este texto, usaremos recursos "lógicos" livremente daqui para a frente. Por exemplo, vamos considerar a afirmativa anterior de que não há duendes. Outra pessoa (e sempre há tais pessoas) pode sustentar que existem duendes (algumas até alegam já os terem visto!). Se $D(x)$ é entendido como uma abreviação para "x é um duende", então a afirmativa de que há duendes pode ser escrita, na linguagem usual da lógica, como $\exists x D(x)$, que informalmente significa "existe um duende" (pelo menos um).[11] A negação dessa sentença é $\neg \exists x D(x)$, que é equivalente (de acordo com as regras da lógica clássica) a $\forall x \neg D(x)$, que significa (intuitivamente) "nenhum x é duende".[12] Ora, como nos mostrará Russell, com uma tal forma de escrever, o discurso deixa de ser sobre duendes e passa a ser sobre os objetos de um certo domínio que obedecem a determinadas propriedades. Por exemplo, podemos definir $D(x)$ por "(x é pequeno) $\wedge$ (x é verde) $\wedge$ (x mora no jardim)" (ou quem sabe por algumas propriedades a mais). Ou seja, estamos falando de ontologia: para os crentes, há duendes em sua ontologia, e, para os descrentes, não há. O importante é notar o modo de falar: empregamos variáveis que percorrem domínios de objetos. Uma certa entidade existe se puder ser o valor de uma variável em expressões como as anteriores. Essa é a grande solução de Quine para o problema ontológico e constitui o seu critério de comprometimento ontológico, que estudaremos posteriormente e pode ser assim resumido: *ser é ser o valor de uma variável*.

No entanto, é preciso muito cuidado com tudo isso. Muitas vezes, os matemáticos "provam" que algo existe sem exibi-lo explicita-

---

11. A ênfase em palavras como "informalmente", "intuitivamente" etc. são essenciais nesta etapa. Visam esclarecer que as "traduções" das expressões em linguagem lógica para o português têm suas limitações e nem sempre correspondem àquilo que formalmente se pretende. Com efeito, o "significado" dos símbolos lógicos é determinado pelos axiomas e pelas regras que os regem, o que depende da lógica que está sendo empregada. Assim, é um erro afirmar pura e simplesmente que uma expressão como $\alpha \vee \neg \alpha$ (uma das versões do princípio do terceiro excluído) é uma "verdade lógica" ou uma tautologia. Com efeito, $\alpha \vee \neg \alpha$ pode ser considerada como "verdadeira" (termo a ser esclarecido) no tocante à lógica clássica, mas essa expressão não é um teorema (portanto, não é "verdadeira") na lógica intuicionista. No capítulo sobre lógica e ontologia, retomaremos esse importante assunto.
12. Lembramos que, na lógica clássica, as expressões $\neg \exists x$, $\neg \forall x$, $\exists x \neg$ e $\forall x \neg$ podem ser substituídas, respectivamente, por $\forall x \neg$, $\exists x \neg$, $\neg \forall x$ e $\neg \exists x$.

mente, bastando, para isso, mostrar (no escopo da lógica clássica) que sua não existência conduz a uma contradição. Tomemos, por exemplo, a demonstração baseada na apresentada por Euclides de Alexandria, em *Os elementos*, de que não existe um maior número primo (ou seja, que o conjunto dos números primos é infinito). Um número primo é um número natural maior do que 1 que é divisível unicamente por 1 e por ele mesmo, como 2, 3, 5, 7, 11, 13 etc. Desse modo, se há infinitos deles, não pode haver um maior primo. Como hipótese, começamos assumindo que existe um número primo maior que todos os outros, e vamos chamá-lo de p. Então, p é primo e, pela hipótese que estamos assumindo, para todo primo q, tem-se que $q \leq p$. Definamos o seguinte número: $t = (2 \cdot 3 \cdot 5 \cdot 7 \cdot ... \cdot p) + 1$, ou seja, o produto de todos os primos (por hipótese, existem em número finito) mais um. Ora, é claro que $t > p$. Assim, se t for primo, será maior que p, o que viola a hipótese de que p é o maior primo. No entanto, t pode não ser primo. Mas, nesse caso, é um número composto e pode ser fatorado em produto de primos (se esse produto seguir a ordem dos primos, a decomposição será única); por exemplo, $60 = 2^2 \cdot 3 \cdot 5$ ou, então, $225 = 2^0 \cdot 3^2 \cdot 5^2$ etc. Esse resultado é conhecido como Teorema Fundamental da Aritmética. Ora, os fatores de um número dividem-no exatamente. Assim, os primos que são fatores de t não podem ser quaisquer dos primos 2, 3, ... , p, pois esses números não dividem t exatamente, como é fácil perceber se dividirmos t por 2, depois por 3, por 5 e assim por diante, verificando que sempre obtemos resto 1. Portanto, se t é composto, os primos que são fatores de t têm de ser primos não pertencentes a essa lista e, então, maiores que p. Consequentemente, há primos maiores que p, o que contraria a hipótese novamente. Ou seja, nossa hipótese conduz a uma contradição. Assim, (no escopo da lógica clássica) a hipótese tem de ser falsa, e a sua negação, que é o que estávamos procurando, é verdadeira, como queríamos estabelecer.

Esse tipo de demonstração é denominada de *redução ao absurdo*, e acredita-se que tenha sido introduzida na matemática por influência de filósofos como Zenão de Eleia, que as usava em suas formas de argumentação. Trata-se de um raciocínio típico do chamado "matemático clássico", ou seja, quem segue as regras da lógica clássica. Com efeito, um matemático de outra linha, como um intuicionista, não aceitaria esse tipo de demonstração. Dito sem muito rigor, para um matemático intuicionista, se desejamos provar uma certa proposição ou mostrar que "existe" certo objeto (como um certo número), devemos exibir um "modo construtivo" de obter a proposição (ou de exibir o número em questão). Ora, o argumento de Euclides apenas mostra que, dada a hipótese de que p é o maior número primo, então a negação dessa hipótese conduz a proposições incompatíveis logicamente com a hipótese assumida. Na lógica clássica, qualquer proposição que implique proposições contraditórias (uma das quais é a negação da outra, como a hipótese e suas duas formas de negação vistas anteriormente) deve ser falsa, e, portanto, a negação da proposição em apreço deve ser verdadeira. Expressamos isso por meio de um teorema da lógica clássica (informalmente, os teoremas são as proposições "verdadeiras") conhecido como *lei de Scotus*, que pode ser assim apresentado (há outras formas equivalentes que são usadas alternativamente):[13]

$$\alpha \wedge \neg \alpha \to \beta.$$

Os antigos liam isso assim: de uma contradição (a conjunção de uma proposição e sua negação), "tudo" se segue, já que β é uma fórmula qualquer: *ex falso sequitur quodlibet*.[14] Assim, mostrando que a hipótese de que a existência de um maior número primo

---

13. Uma discussão extensa sobre esse assunto e, em particular, sobre a chamada lei de Scotus encontra-se em Gomes, *Sobre a história da paraconsistência e a obra de da Costa*.
14. Por exemplo, Aristóteles, criticando Heráclito, expressa na *Metafísica*: "[a] doutrina de Heráclito, segundo a qual *todas as coisas são e não são*, parece tornar tudo verdadeiro" (r 1012a26-6). É importante ressaltar que, no tempo de Aristóteles, não havia distinção entre verdade e demonstração.

conduz à sua negação, ela deve ser falsa e, consequentemente, como visto, sua negação é verdadeira.[15]

Para um intuicionista, falando por alto, já que os detalhes são delicados, existir significa "dar uma prova da possibilidade de se *construir* o referido objeto". Por exemplo, um intuicionista aceita que existe o número natural $10^{1.000}$, pois há um "processo construtivo" para obtê-lo: inicie com 1 e vá somando uma unidade; um dia (daqui a muito tempo), você chega lá. Para um "clássico", existir pode significar "ausência de contradição" (esse era, aliás, o critério que usualmente se atribuía ao matemático alemão David Hilbert). Um matemático paraconsistente, por outro lado, que convive razoavelmente bem com contradições formais, pode dizer que "existir" significa "não ser trivial", ou seja, uma proposição pode implicar uma contradição (ou, mais geralmente, duas proposições contraditórias); o que ela não pode é implicar "qualquer coisa".[16]

Assim, observamos que tratar de questões de existência usando recursos lógicos traz um problema delicado, pois depende da lógica que está sendo utilizada (enfatizaremos isso no Capítulo 5). Além disso, mesmo que fixemos, por exemplo, a lógica clássica, a existência de algo pode depender, como veremos, da interpretação dada aos quantificadores. Essas questões são complexas e estão no cerne das discussões presentes em ontologia.

---

15. No presente caso, podemos formular esse princípio da seguinte forma: $A \to ((A \land \neg A) \to \neg A)$, sendo A a proposição *"p é o maior número primo"*.
16. Nem sempre, de duas proposições contraditórias (isto é, uma delas sendo a negação da outra) se obtém uma contradição – a conjunção de duas proposições contraditórias: isso só ocorre nos sistemas "adjuntivos", ou seja, nos quais sempre se pode formar a conjunção de duas proposições. O "qualquer coisa" da frase significa "qualquer fórmula da linguagem do sistema". Um sistema dedutivo é *trivial* se ele permitir que se derivem todas as suas fórmulas como teoremas. Se a lógica subjacente ao sistema (ou teoria) for clássica – ou a grande maioria dos sistemas conhecidos –, inconsistência implica trivialidade e reciprocamente. Sobre as lógicas paraconsistentes, ver o artigo de divulgação de Krause, Lógica paraconsistente, *Scientific American Brasil*, nov. 2004; para assuntos mais técnicos, ver da Costa et al., Paraconsistent Logics and Paraconsistency, in: Jacquette (Ed.), Philosophy of Logic, *Handbook of the Philosophy of Science*, v.5, p.655-781, 2007.

Alguns princípios da lógica clássica

Para encerrar este tópico, revisaremos aqui alguns dos princípios básicos da lógica clássica que, pela sua importância e pelo fato de que entrarão na discussão que se segue, devem ser conhecidos.[17] Com efeito, os textos usuais de filosofia, quando se referem à filosofia analítica ou à ontologia, via de regra pressupõem a lógica clássica. Não há nada que justifique essa escolha. É certo que temos com ela uma longa história e que estamos mais acostumados a lidar com suas regras, mas qualquer escolha de lógica sem uma justificação adequada se mostra arbitrária e passível de questionamento. Com efeito, como estamos começando a perceber, a lógica desempenha papel preponderante nas discussões que cercam os assuntos deste livro.

Iniciemos com os três mais célebres princípios, que alguns autores chegam a sustentar (erroneamente) como sendo *os* princípios básicos dessa lógica, a saber:[18] os princípios da identidade, da contradição (ou da não contradição) e do terceiro excluído.

Princípio da identidade

O princípio da identidade pode ser formulado de vários modos não equivalentes, como os seguintes, sempre admitindo que as linguagens mencionadas incorporem os símbolos utilizados:

1. *Formulações sintáticas* (ou seja, formulações que não envolvem conceitos semânticos como "verdade", "denotação",

---

17. O leitor pode ver mais sobre a filosofia da lógica em da Costa, *Ensaio sobre os fundamentos da lógica*.
18. Com efeito, a lógica clássica não pode ser estabelecida unicamente com base nesses princípios. Ademais, esses autores esquecem que não há um só modo de formulá-los, e que as várias maneiras de os enunciar não são equivalentes, como veremos adiante.

"sentido", entre outros, ficando restritos aos aspectos sintáticos das linguagens):
a) Em uma linguagem proposicional, $p \to p$, ou $p \leftrightarrow p$, sendo p uma variável proposicional.
b) Em uma linguagem de primeira ordem, $\forall x(x = x)$, sendo x variável individual.
c) Em uma linguagem de segunda ordem, $\forall P \forall x(P(x) \leftrightarrow P(x))$, sendo P uma variável para predicados e x uma variável individual; pode-se estender para linguagens de ordens mais altas.

2. *Formulações semânticas*
   a) Uma proposição verdadeira é sempre verdadeira, e uma falsa, sempre falsa.
   b) Toda proposição possui um único valor de verdade.
   c) Em qualquer contexto, as ocorrências de um dado símbolo devem sempre ter o mesmo sentido (Newton da Costa chama esta formulação de "pragmática").[19]
   d) Todo objeto é idêntico a si mesmo.
   e) A é A (eventualmente acrescentando-se "e não é não-A"), sendo A uma variável.

O leitor deve notar que essas formulações não são todas equivalentes, de forma que, quando se fala do *princípio da identidade* (e o mesmo vale para os demais princípios apresentados a seguir), deve-se especificar de qual formulação se está falando ou deixar isso bem claro por meio do contexto.

Princípio do terceiro excluído

O princípio do terceiro excluído tem as seguintes apresentações:

---
19. Da Costa, *Ensaio sobre os fundamentos da lógica*, p.96.

1. *Formulações sintáticas*
   a) Numa linguagem proposicional, $p \lor \neg p$.
   b) Em uma linguagem de primeira ordem, $\forall x(F(x) \lor \neg F(x))$, sendo F uma constante para predicados monádica, ou então sendo $F(x)$ uma fórmula qualquer tendo x como variável livre (e podendo conter eventualmente outros parâmetros).
   c) Numa linguagem de ordem superior, $\forall F \forall x(F(x) \lor \neg F(x))$, sendo x variável individual e F uma variável para predicados monádica.

2. *Formulação semântica*
   Dadas duas proposições contraditórias, isto é, uma das quais sendo a negação da outra, uma delas é verdadeira.

Princípio da contradição

Quanto ao princípio da contradição (ou da não contradição), temos:

1. *Formulações sintáticas*
   a) Numa linguagem proposicional, $\neg(p \land \neg p)$.
   b) Em uma linguagem de primeira ordem, $\forall x \neg(F(x) \land \neg F(x))$, sendo x variável individual e F uma constante monádica para predicados (ou então $F(x)$ denota uma fórmula qualquer com x como variável livre, eventualmente contendo outros parâmetros).
   c) Em uma linguagem de ordem superior, $\forall x \forall F \neg(F(x) \land \neg F(x))$, sendo x variável e F uma variável para predicados monádica.

2. *Formulações semânticas*
   a) Dadas duas proposições contraditórias, isto é, uma das quais sendo a negação da outra, uma delas é falsa.

b) A não pode ser, sob o mesmo aspecto e ao mesmo tempo, B e não-B.
c) As proposições "A é B" e "A não é B" nunca são simultaneamente verdadeiras.

Composicionalidade

Outro pressuposto básico da lógica clássica é a *composicionalidade*. Isso significa que o valor verdade de uma proposição composta, como $p \to (q \vee \neg p)$, depende (pelo método das tabelas-verdade) dos valores de verdade de suas proposições componentes, ou *átomos*, no caso, de p e q. Alguns autores chamam esse pressuposto de *princípio de Frege*.

Demais princípios clássicos

Outros pressupostos clássicos são, por exemplo, a lei da *dupla negação*, que estabelece que $\neg\neg p$ é equivalente a p. Essa lei não vale em algumas lógicas distintas da clássica, como a intuicionista ou (irrestritamente) em alguns cálculos paraconsistentes. Outro pressuposto básico da lógica clássica é o de que, dadas duas proposições quaisquer p e q, sempre se pode formar sua conjunção $p \wedge q$. Lógicas que permitem isso são chamadas de *adjuntivas*. Há, no entanto, lógicas não adjuntivas, como as lógicas paraclássicas, a lógica de Jaśkowski e alguns sistemas propostos por G. Priest.[20]

Como se pode perceber, é preciso algum cuidado quando se afirma que vale algum princípio lógico, pois isso depende de qual formulação estamos considerando e a qual lógica estamos nos referindo. No restante deste livro, exceto quando for explicitamente

---

20. Ver da Costa et al., Paraconsistent Logics and Paraconsistency, in: Jacquette (Ed.), Philosophy of Logic, *Handbook of the Philosophy of Science*, v.5, p.655-781, 2007.

mencionado o contrário, estaremos sempre pressupondo a lógica clássica, e as versões que adotaremos dos princípios ficarão claras pelo contexto.

Ter em mente os princípios abordados auxiliará o entendimento da discussão que se segue.

Meinong e sua teoria de objetos

Alexius Meinong (1853-1920), filósofo austríaco, é bastante conhecido pela sua teoria de objetos.[21] Segundo ele, a metafísica tradicional teria tendência a dar atenção unicamente ao *real*, esquecendo-se de que há outras categorias de objetos. Por isso, para ele, uma teoria mais geral de objetos seria necessária. A importância de seus trabalhos reside em ter induzido filósofos como Russell, Wittgenstein, Ryle, entre outros, a constatar que significados devem ser distinguidos de objetos.

Em resumo, as teses básicas da teoria dos objetos de Meinong são:[22]

(P1) Há objetos que não "existem" (mas que meramente *subsistem*).
(P2) Qualquer coisa que possa ser alvo de um processo mental de algum modo é um objeto.
(P3) Todo objeto possui as propriedades que o caracterizam. Por exemplo, o quadrado redondo é tanto quadrado como redondo.
(P4) Pode haver sentenças verdadeiras acerca daquilo que não tem ser.

Meinong distinguiu entre duas formas básicas de ser: os objetos que estão localizados no espaço e no tempo *existem*; os demais *sub-*

---

21. Marek, Alexius Meinong, *The Stanford Encyclopedia of Philosophy*.
22. Para mais detalhes, consultar Marek, op. cit.

sistem. Assim, Sherlock Holmes, o Saci Pererê e Pégaso apenas subsistem. Apesar do que foi dito anteriormente, na verdade é dúbio se, para Meinong, objetos impossíveis como o triângulo quadrado subsistem. Alguns autores como Stroll sustentam que, para Meinong, objetos contraditórios como o quadrado redondo não existem e nem subsistem, ainda que tivessem algum tipo de ser.[23]

Outros autores não concordam que o quadrado redondo seja, na verdade, um objeto que encerre propriedades contraditórias, pois ele poderia ser um triângulo, ou seja, nem quadrado, nem redondo. Por esse ponto de vista, "ser quadrado" e "ser redondo" não seriam propriedades contraditórias, mas *contrárias*, no sentido do quadrado das oposições aristotélico, podendo ser ambas falsas, mas não ambas verdadeiras. No entanto, aparentemente, a maioria dos autores interpreta Meinong aceitando que objetos impossíveis e objetos contraditórios (possuindo propriedades contraditórias), como certos casos de pensamento autorreferencial (como o que origina o paradoxo do mentiroso),[24] de fato subsistem, dado que Meinong tentou dar sentido à frase "Há objetos para os quais é verdade que não há tais objetos".

Claro que a questão básica está ligada ao sentido de *existe* (em "há"). Mesmo se entendermos, como aparentemente ele pretendeu, que os objetos "reais" existem, como o Empire State em Nova York, é problemática a questão de se saber se *supercordas* existem.[25] Como se observa, as discussões são muito vagas, e é em assuntos dessa natureza que a filosofia analítica mostra sua força.

---

23. Stroll, *La filosofía analítica del siglo XX*, p.23.
24. O paradoxo do mentiroso pode ser formulado considerando-se a frase "Eu estou mentindo". Se a frase for verdadeira, segundo a teoria da verdade como correspondência, o que ela assevera é o que é, ou seja, que eu estou falando uma mentira, dizendo uma falsidade. Portanto, se ela for verdadeira, terá que ser falsa. Reciprocamente, se ela for falsa, ela está dizendo exatamente isso, e terá que ser verdadeira. Há diversas outras formulações; o leitor curioso pode procurar pelo verbete "Liar Paradox" na *Stanford Encyclopedia of Philosophy*, disponível em: http://plato.stanford.edu.
25. Entidades supostas pelas teorias de cordas, um dos campos mais atuais da física moderna – ver Greene, *O universo elegante*. Uma corda é uma entidade

O PROBLEMA ONTOLÓGICO 43

Sem pretender uma análise detalhada de suas ideias e sem fazer qualquer exegese, vamos esquematizar a teoria de objetos de Meinong. Iniciemos com uma distinção entre *ser* e *existir*. Por exemplo, tomemos a sentença

(S) Não há centauros.

Negando uma existência espaçotemporal, (S) é verdadeira, ao que tudo indica. Negando que centauros de alguma forma *são* (por exemplo, personagens de histórias), é falsa. Assim, se julgarmos algo, não julgamos acerca de nada. Quando julgamos, julgamos algo, ainda que não tenha existência real. (Mas note aqui o problema de se ter que assumir que se sabe, pelo menos em princípio, o que é "real".)

Podemos definir assim: *ser* é tudo aquilo que pertence a todo ser concebível, a cada objeto do pensamento, ou seja, tudo aquilo que pode aparecer em uma proposição (falsa ou verdadeira), inclusive a própria proposição. *Existir* é uma prerrogativa daqueles objetos que têm uma relação específica com a existência (no sentido anterior, algo que a própria *existência* não parece ter). Ou seja, nesse esquema, tudo o que é concebível por um ato mental é um objeto.

Podemos voltar agora à distinção entre existir e subsistir. Por exemplo, a diferença (vista como uma relação) que há entre o vermelho e o verde não tem localização espaçotemporal, portanto, apenas subsiste. Do mesmo modo, o atual rei do Brasil, a raiz quadrada de dois, o número π etc. apenas subsistem. Mesmo um objeto que não é nem ao menos pensável tem a característica de não ser pensável e, portanto, é. Se um tal objeto existe ou não, é outro tipo de problema.

Há, portanto, que se distinguir entre o ser de um objeto (*Sein*) e as suas características (*Sosein*), que são independentes de seu ser.

---

não pontual com a dimensão da *escala de Planck*, cerca de 10^{-23} cm. A vibração dessas cordas originaria as partículas.

Um quadrado redondo, por exemplo, tem como características ser tanto quadrado quanto redondo, mas não tem *Sein* (existência "real"). Trata-se de um objeto impossível, pois tem *Sosein* contraditória (ou, conforme a discussão anterior, "contrária"). Os objetos possíveis são aqueles que não têm *Sosein* contraditória ou contrária. Alguns existem, como a atual presidente do Brasil (em 2012), enquanto outros apenas subsistem, como a montanha de ouro, que além de tudo é um *objeto incompleto*.[26] Seguindo a motivação dada pelo quadrado das oposições, há outra forma de negação envolvida na discussão, além da contraditoriedade (expressas por proposições categóricas das formas *A* e *O*, *E* e *I*) e da contrariedade (*A* e *E*), a saber: a *subcontrariedade* (*I* e *O*). Nesse último caso, poderíamos conceber objetos com propriedades que podem ser ambas verdadeiras, mas não ambas falsas, ou seja, um *objeto paraconsistente*!

Interessante observar que essa discussão pode ter interseções com a mecânica quântica, da qual falaremos posteriormente, mas fica a indicação: na mecânica quântica, há contextos em que nem todas as propriedades de um sistema podem assumir valores simultâneos (teorema de Kochen-Specker). Assim, haveria sentido em considerarmos os objetos quânticos como "objetos incompletos" no sentido de Meinong?

Voltando ao ponto anterior, Meinong teria distinguido a negação de um predicado (como em "*x* é não verde", que podemos escrever da seguinte maneira $(\sim V)(x)$, e "é falso que *x* seja verde", que seria $\neg V(x)$ (note que usamos dois símbolos de negação).[27] Desse modo, Meinong aceitaria o princípio da contradição na forma:

$$\forall F \forall x \neg (F(x) \wedge \neg F(x)), \quad (2.1)$$

---

26. Este conceito foi introduzido por Meinong em 1915, significando objetos que são indeterminados por pelo menos uma propriedade, como um triângulo, que é indeterminado relativamente à propriedade "ser verde". Cf. Marek, Alexius Meinong, *The Stanford Encyclopedia of Philosophy*.
27. Ibid.

bem como o princípio do terceiro excluído

$$\forall F \forall x (F(x) \vee \neg F(x)), \qquad (2.2)$$

mas ele teria também aceitado princípios como

$$\exists F \exists x (F(x) \vee (\sim F)(x)), \qquad (2.3)$$

$$\exists F \exists x \neg (F(x) \vee (\sim F)(x)). \qquad (2.4)$$

Note que, na lógica clássica, essas duas negações não seriam distintas, e assim (2.1) e (2.3) seriam a negação uma da outra, bem como (2.2) e (2.4) também o seriam. Por razões como essas, Meinong foi taxado por alguns, como Russell, que não aceitava a distinção entre essas duas negações, de ser inconsistente, como veremos. Outros filósofos, no entanto, ou por aceitarem a distinção apontada, ou simplesmente porque pensavam poder fundar até mesmo uma teoria de objetos inconsistentes, propunham que a teoria de Meinong deveria ser baseada em uma lógica distinta da clássica.[28] De qualquer modo, a análise não pode ser feita a contento sem que se considere a natureza das negações usadas anteriormente.

Meinong e o problema ontológico

Considerando os dois aspectos do problema ontológico indicados anteriormente, como Meinong lhes responderia? Podemos

---

28. O leitor pode ver as indicações de Marek, Alexius Meinong, *The Stanford Encyclopedia of Philosophy*, ou da Costa et al., Meinong's Theory of Objects and Hilbert's ε-symbol, *Reports on Math. Logic*, n.25, p.119-32, 1991, em que os autores propõem o uso de uma lógica paraconsistente para elaborar uma teoria de objetos – como o quadrado redondo – inconsistentes. Como será dito (ver p.115), há presentemente uma linha filosófica chamada *dialeteísmo*, que sustenta haver contradições "reais", ainda que o sentido da palavra "real" seja vaga – ver Krause, Essay Review: Doubt Truth to Be a Liar, *International Studies for the Philosophy of Science*, v.21, n.3, p.345-57, 2007.

conjecturar que suas respostas seguiriam aproximadamente as seguintes linhas:

(1) Quanto aos sujeitos gramaticais das frases significativas, eles *existem* ou *subsistem*. Na frase "O atual presidente do Brasil é latino-americano", o sujeito *existe*. Já em "O atual rei da França é careca", o sujeito *subsiste*. O mesmo se daria com "O quadrado redondo é quadrado".

(2) Com respeito às frases existenciais negativas, haveria sentenças que negariam a existência espaçotemporal de objetos que apenas subsistem, e que seriam verdadeiras, como "O atual rei do Brasil não existe".

Essas questões, no entanto, não são assim tão simples de ser analisadas, pois não é simples discutir a respeito de Meinong, como tem sido amplamente reconhecido na literatura. (O tratado de Richard Routley, *Exploring Meinong's Jungle and Beyond*, por exemplo, tem 1.035 páginas!)

As críticas de Russell

Em 1905, Russell publicou um artigo célebre, "On Denoting" (Sobre denotar)[29] e, mais tarde, desenvolveu as mesmas ideias em outros trabalhos, nos quais criticava a teoria de Meinong. Segundo Russell, "a teoria de Meinong reputa qualquer frase gramaticalmente correta como representando (*standing for*) um objeto. Então, 'o presente rei da França', 'o quadrado redondo' etc. são supostamente objetos genuínos".[30] Um pouco mais adiante, ele comenta que "é aceito, por exemplo, que o existente presente rei da França

---
29. Russell, On Denoting, *Mind*, v.14, p.479-93, 1905.
30. Ibid., p.482-3.

existe, e também não existe; que o quadrado redondo é redondo, e também não é redondo etc. Mas isso é inadmissível".[31] Para Russell, alguns objetos, como o quadrado redondo, são contraditórios. O quadrado redondo, sendo quadrado e redondo (logo, não quadrado), fere o princípio da contradição. Por outro lado, se o rei da França tem alguma forma de existência (já que subsiste, e isso é uma forma de ser), ele fere o princípio (P3) das condições (p.41), pois (sendo a existência um atributo daqueles seres que "existem")[32] existiria e não existiria. Essas críticas talvez pudessem ser respondidas levando-se em conta a ideia de que "ser quadrado" e "ser redondo" não seriam contraditórias, como explicado anteriormente, mas contrárias. Desse modo, o princípio da contradição não seria violado. Mas voltemos a Russell.

Russell apresenta sua teoria das descrições (que veremos no Capítulo 3) para contornar as objeções mencionadas. Em síntese, ele apresenta as descrições (definidas e indefinidas) como símbolos incompletos, elimináveis em uma linguagem envolvendo quantificadores. Para ele (fielmente dentro da tradição analítica), como salienta Marek, os problemas que surgem com a teoria de Meinong devem-se a uma confusão entre a forma gramatical da linguagem usual e a sua forma lógica e que, portanto, se uma sentença da linguagem natural afirma a existência de algo, infere-se que esse algo deve de algum modo existir.[33] Como ele mostrará com a sua teoria, expressões da forma "o assim e assim" (uma descrição definida) nada implicam nesse sentido, quando devidamente parafraseadas em uma linguagem lógica conveniente. Contrariamente ao que acreditava Meinong, tais expressões via de regra não são expressões que denotam algo. Se assim forem concebidas, ferirão as leis da lógica clássica, o que Russell não admitia.

Meinong tentou responder essas questões. À primeira objeção, ele respondeu que somente os objetos que existem no espaço e no

---
31. Ibid., p.483.
32. O que será contestado depois.
33. Marek, Alexius Meinong, *The Stanford Encyclopedia of Philosophy*.

tempo podem ferir as leis da lógica, enquanto os objetos impossíveis fariam que certas leis, como o princípio da contradição, não pudessem vigorar.[34] Relembrando a distinção entre as duas formas de negação apresentadas anteriormente, ~ (a negação de um predicado) e ¬ (a negação de uma sentença), podemos tentar entender seu ponto. Para ele, o quadrado redondo é quadrado ($Q(x)$) e redondo ($R(x)$), mas isso não implica que seja redondo ($R(x)$) e não redondo $((\sim R)(x))$. O que não poderíamos ter é que ele seja redondo, $R(x)$, e que não seja redondo, $\neg R(x)$, pois ele aceitaria o princípio da contradição na forma (2.1). Como comenta Marek, da mesma forma, "O triângulo não é nem verde, nem não verde, porém ele é ou verde ou não verde". Em suma, Meinong não aceitaria a equivalência entre $(\sim P)(x)$ e $\neg P(x)$ no caso dos objetos que não existem no espaço e no tempo.

Com relação à segunda objeção, Meinong distinguiu entre o que chamarei de *ser-existente* (*Existieren-sein*), que tem alguma forma de existência, ou subsistência, e *existência* (*Existieren*), como determinação do *ser*. Isso o leva a distinguir objetos como a montanha de ouro ou o quadrado redondo, que são seres-existentes, mas não seres, objetos que existem no espaço e no tempo, estes sim podendo-se dizer que *existem*. Claro está que Russell, apegado à lógica clássica, não poderia aceitar tal distinção.[35]

---

34. Ibid.
35. Presentemente, podemos ainda acrescentar mais problemas a essa discussão, lembrando que as noções de espaço e de tempo não têm uma única e bem definida interpretação, mas dependem da teoria física utilizada.

3
Descrições definidas

Bertrand Russell (1872-1970) foi certamente um dos grandes filósofos do século XX. Sua contribuição à lógica é vasta e importante, e seu livro *Principia mathematica* (em três volumes, publicados em 1910, 1911 e 1913), escrito com Alfred North Whitehead (1861-1947), é um marco na história da lógica e do estudo das disciplinas formais. Apesar de ser uma contribuição ampla e variada, Russell referiu-se à sua teoria das descrições, apresentada em 1905 em um artigo denominado "On Denoting", como sendo a sua maior contribuição à lógica.[1] Somente essa referência, dada a importância de Russell e de sua obra, já seria suficiente para que toda pessoa interessada em filosofia se obrigasse a ter pelo menos uma ideia razoavelmente precisa do que é essa teoria e de sua relevância. Especialmente para os interessados em ontologia contemporânea, ela é vital. Assim, neste capítulo, veremos em que consiste a teoria das descrições russelliana – ainda que não se faça uma análise exaustiva do tema neste livro introdutório (uma discussão ampla demandaria muito mais) – e como ela importa para os assuntos abordados aqui. O texto a seguir é uma breve introdução à teoria de

---
1. Russell, On Denoting, *Mind*, v.14, p.479-93, 1905.

Russell; o leitor interessado em mais detalhes deve consultar as referências bibliográficas desta obra.

Frases descritivas

Há dois tipos de frases descritivas: (1) as descrições indefinidas, que são expressões da forma "um(a) assim e assim", e (2) as descrições definidas, que são expressões da forma "o(a) assim e assim", sempre no singular. À primeira categoria pertencem expressões como "um aluno de filosofia", "uma menina bonita", enquanto à segunda pertencem "o mestre de Platão", "o atual rei da França", "o maior número primo". (Uma exposição informal do assunto é feita por Russell no capítulo 16 de seu livro *Introdução à filosofia matemática*.)

Como vimos anteriormente, sentenças como "O atual rei da França é careca" nos trazem problemas, pois, aparentemente, ao asseverá-la, estamos nos comprometendo com a "existência" do atual rei da França, que não há. Segundo Russell, a forma gramatical de enunciados como "O atual rei da França é careca" nos engana, e sua forma lógica é, na verdade, outra. Para ele, enunciados como "o atual rei da França", "a montanha de ouro", "o quadrado redondo" são descrições definidas, e nem sempre podem ser tomados como nomes de entidades: para Russell, as descrições (definidas) não são logicamente equivalentes a nomes próprios. Estes designam objetos "existentes", como Sócrates, Júlio Cesar, Henri Poincaré, ao passo que aquelas descrevem entidades que podem, inclusive, não existir. Para Russell, "nomes" aplicados a entidades não existentes, como Pégaso, Saci Pererê, não são nomes, mas "descrições abreviadas". Certas expressões (nomes), no entanto, podem eventualmente ser utilizadas como descrições, como veremos. Frases descritivas como "o autor de *Methods of Logic*", para Russell, devem ser parafraseadas de modo que as referências designativas desapareçam. Inicialmente, ele encontra um modo de escrever a forma lógica de "o F", introduzindo um operador. Em símbolos, escreve:

DESCRIÇÕES DEFINIDAS 51

$$\imath x F(x) \quad (3.1)$$

sendo ๅ o operador de descrição, ou *descritor*. Lê-se essa expressão como "o (único) x tal que $F(x)$". Na verdade, ela é uma representação simbólica para a seguinte frase, escrita na linguagem da lógica de primeira ordem com igualdade: "Existe um único x que tem a propriedade F". Por meio desse artifício, ou seja, vertendo a descrição para uma expressão da linguagem da lógica usual, Russell consegue eliminar a descrição por meio de uma *definição contextual*, como veremos posteriormente. Expliquemos um pouco o que se passa.

Russell introduziu o símbolo "ๅ" (o descritor ou operador de descrição) para expressar frases como "x é o autor de *Methods of Logic*", a saber:

$$\imath x \ (x \text{ o autor de } Methods\ of\ Logic),$$

que se lê "o único x tal que x é autor de *Methods of Logic*". Ou seja, $F(x)$ diz que x é o autor de *Methods of Logic*, então $\imath x F(x)$ expressa "o (único) objeto que é o autor de *Methods of Logic*". A descrição definida, é importante dizer, indica um único objeto que tem a propriedade F, desde que exista esse objeto (no caso, trata-se de Quine). Se há mais de um objeto ou se ele não existe, para Russell, a descrição é falsa, e já veremos o porquê.[2]

Formalmente, o descritor funciona do seguinte modo: ele é um "operador que liga uma variável a uma fórmula para formar um termo" (é um VBTO; em inglês, "variable binding term operator").

---

2. Isso não acontece na teoria de Frege. Para ele, quando há mais de um objeto que satisfaz a propriedade, a descrição não tem referência e, então, se pode fixar um objeto, preferencialmente um que exista em qualquer domínio, como o número 1, que, para Frege, tem existência necessária. Assim, "o autor de *Principia mathematica*", que designa igualmente Russell e Whitehead, pode ser identificado com o número 1. (Um estudo bastante detalhado da teoria das descrições de Frege é o ensaio de Pelletier e Linsky, *What is Frege's Theory of Descriptions?*; agradeço a Marco Ruffino por esclarecimentos neste ponto.)

Ou seja, se considerarmos uma linguagem de primeira ordem, da qual F é um predicado unário, então $F(x)$ é uma fórmula, e $\iota x F(x)$ é um termo, que designa o único objeto que satisfaz F, se existir tal objeto. Caso não exista um objeto que tenha a propriedade F ou se existir mais de um, há algumas alternativas, como simplesmente postular que nenhum objeto é designado por $\iota x F(x)$ (teoria de Russell) ou fazer que todas as descrições definidas impróprias denotem o mesmo objeto, escolhido arbitrariamente (como sugeriu Frege), ou, ainda, atribuímos a cada uma delas um objeto, não necessariamente o mesmo. A solução de Russell, no entanto, é considerar que a descrição é falsa nesses casos. Isso se deve ao fato de que a descrição "o autor de *Methods of Logic*" deve ser parafraseada como "existe um x que é o autor de *Methods of Logic* e, para todo y, se y é autor de *Methods of Logic*, então y é idêntico a x". Em símbolos, se denotarmos por $M(x)$ o predicado "x é o autor de *Methods of Logic*", temos:

$$\exists x (M(x) \wedge \forall y (M(y) \to y = x)). \tag{3.2}$$

Assim, se não há nenhum autor de *Methods of Logic* ou se há mais de um (como ocorre em *Principia mathematica*), a descrição é falsa na teoria de Russell.[3]

Para Russell, uma descrição definida não tem sentido por si mesma, mas unicamente dentro de um contexto. Por outro lado, um nome *denota* ou *designa* um indivíduo particular e *significa* esse indivíduo. Ou seja, para Russell, um nome tem um significado, a saber, o próprio objeto que designa.[4] Uma descrição definida, no entanto, não é um nome, algo que denota diretamente um objeto (como era para Frege). Pensemos na frase "Hilbert é careca". A palavra (nome próprio) "Hilbert" designa um indivíduo particular e

---
3. Isso se deve ao fato de que uma conjunção é falsa se um dos membros é falso (no caso, $M(x)$).
4. Russell mudou de ideia por um tempo, mas depois voltou a sustentar essa posição, que assumiremos.

tem uma função lógica diferente de "o grande matemático alemão que escreveu Grundlagen der Geometrie", que o descreve. Suponha, entretanto, que alguém descubra que não foi Hilbert quem escreveu Grundlagen der Geometrie, mas outra pessoa. Nesse caso, a descrição e o nome não mencionariam o mesmo indivíduo. Logo, não têm a mesma função lógica. Com efeito, tomemos a expressão "Hilbert = o grande matemático alemão que escreveu Grundlagen der Geometrie". Agora, o nome "Hilbert" é, como diz Russell, um objeto simples, significando o indivíduo nomeado (no caso, Hilbert), designando esse indivíduo diretamente. Quando as descrições são usadas como nomes, elas podem ser intersubstituídas, de forma a se preservar as regras da lógica clássica. No entanto, quando não forem utilizadas como nomes, mas como descrições em sentido restrito, o caso é outro. Para entender isso, lembremos que as propriedades fundamentais (postulados) da identidade (ou igualdade, simbolizada por "=") são as seguintes:

(REFL) (Lei reflexiva da identidade ou princípio da identidade): $\forall x(x = x)$. Informalmente, "todo objeto é idêntico a si próprio".

(SUBST) (Lei da substitutividade ou princípio da indiscernibilidade dos idênticos), em que $A(x)$ é uma fórmula que tem x como variável livre, $A(y)$ é a fórmula que resulta de $A(x)$ pela substituição de x por y em algumas das ocorrências (livres) de x, sendo y uma variável distinta de x: $\forall x \forall y(x = y \to (A(x) \to A(y)))$.

Informalmente, SUBST diz que nomes de "objetos iguais" podem ser substituídos em qualquer contexto (aqui, fórmula) preservando-se a verdade (salva veritate, como dizia Leibniz (1646-1716)). A lei SUBST é chamada de lei de Leibniz por muitos. Por exemplo, em $2 + 3 = 5$, podemos substituir 2 por $1 + 1$ salva veritate, obtendo $(1 + 1) + 3 = 5$. Será que isso vale quando há descrições envolvidas? Para verificar isso, vamos utilizar um exemplo do próprio Russell.

Hoje sabemos que o novelista escocês *Sir* Walter Scott era o autor do romance *Waverley* (e também de *Ivanhoé*, *Rob Roy* e de uma vasta obra), mas esse fato não era conhecido à época em que George IV era o rei do Reino Unido (de 1820 a 1830). Então, se "*Sir* Walter" e "Scott" (que são nomes da mesma pessoa) são usados como nomes, isto é, fazendo referência direta ao célebre novelista escocês, a lei SUBST pode ser usada. Assim, usando a partícula "é" no sentido de identidade (a seguir veremos o seu uso como existência), então "Scott é Scott" tem o mesmo valor-verdade que a proposição "Scott é *Sir* Walter". Isso se deve ao fato de que os nomes, para Russell, denotam entidades existentes (em algum momento do espaço-tempo – assim, para ele, "Pégaso" não é um nome, mas, como veremos, uma "descrição disfarçada"). Pensemos agora, na expressão anterior, em considerar uma descrição no lugar de um nome. Assim, em uma expressão contendo uma descrição, se substituirmos um nome por uma descrição, mesmo que ela descreva o mesmo objeto nomeado (pelo nome), obtemos uma proposição diferente da original. O exemplo de Russell é tomarmos "Scott é Scott" e substituirmos a descrição "o autor de *Waverley*" na segunda ocorrência do nome, obtendo "Scott é o autor de *Waverley*", que não é equivalente à anterior, posto que agora a descrição, por hipótese, não está sendo usada como um nome de *Sir* Walter, mas descrevendo o autor do famoso romance. Com efeito, suponha que fosse descoberto que o autor de *Waverley* não é Scott, mas o Sr. X (distinto de Scott). Nesse caso, a segunda proposição seria falsa, ao passo que a primeira é, como diz Russell, um "truísmo trivial". Como diz o próprio Russell,

> Uma proposição contendo uma descrição não é idêntica ao que aquela proposição se torna quando o nome é substituído, até mesmo se o nome nomeia o mesmo objeto que a descrição descreve. "Scott é o autor de *Waverley*" é, obviamente, uma proposição diferente de "Scott é Scott": a primeira é um fato na história literária, e a segunda é um truísmo trivial. E se colocarmos

qualquer outro que não Scott no lugar de "o autor de *Waverley*", nossa proposição se torna falsa, portanto, não mais sendo, certamente, a mesma proposição.[5]

Constatamos, então, que "Scott é Scott" e "Scott é o autor de *Waverley*" são proposições distintas não somente no seu aspecto sintático. A primeira é um fato lógico, ao passo que a segunda não é trivial, mas uma descoberta histórica (adiante voltaremos a essas questões). Russell explicou esse fato, e a maioria dos filósofos aceitou sua solução, que pode ser colocada na forma seguinte:

(1) Scott é Scott, e isso é um fato trivial.
(2) Scott é o autor de *Waverley*, um feito da história da literatura.
(3) Se colocarmos qualquer outra pessoa no lugar de "o autor de *Waverley*" na sentença (2), a proposição se torna falsa.

Assim, de $x = x$, podemos inferir que Scott = Scott, mas, em geral, não que o autor de *Waverley* = o autor de *Waverley*, porque a descrição pode não denotar (ao passo que um nome, para Russell, sempre denota). Note que aqui usamos a partícula "é" significando identidade. Assim, o postulado básico, chamado de axioma de Hilbert-Bernays, pode ser escrito assim:[6]

$$\exists!xA(x) \to (\imath xA(x) = \imath xA(x)), \qquad (3.3)$$

ou seja, "O autor de *Waverley* = o autor de *Waverley*" pode ser inferido de $x = x$ somente no caso em que a descrição denota (como é o caso). Por exemplo, na teoria de Russell não se segue de $x = x$ que

---

5. Russell, *Introdução à filosofia matemática*, p.166-7.
6. Recordamos que a expressão $\exists!xA(x)$ significa, informalmente, que há um único x que satisfaz $A(x)$. A definição formal é a seguinte: $\exists!xA(x) := \exists x(A(x) \land \forall y(A(y) \to y = x))$.

"O atual rei da França é o atual rei da França", que é uma proposição falsa. Ou seja, de $x = x$, que é uma verdade lógica (na lógica clássica), não podemos obter "o atual rei da França = o atual rei da França", que é falsa, pois a descrição não denota.

Filósofos como Avrum Stroll acham que a caracterização de Russell é restritiva e que o mesmo pode ser colocado em termos de descrições somente. Assim, Stroll formula o seguinte contra-argumento, uma "imagem especular" do argumento de Russell, como ele designa:[7]

(1) Que o autor de *Waverley* é o autor de *Waverley* é um fato óbvio.

(2) Que o autor de *Waverley* é o autor de *Ivanhoé* é um fato histórico.

(3) Se substituirmos "o autor de *Ivanhoé*" por alguém diferente de "o autor de *Waverley*" na sentença (2), ela se torna falsa.

Isso mostra, segundo Stroll, que as mesmas distinções estabelecidas entre nomes e descrições valem entre as descrições unicamente. Desse modo, se escrevêssemos "Scott é *Sir* Walter" e se esses nomes fossem utilizados no sentido descritivo, não para indicar diretamente um objeto, mas para descrevê-lo, equivaleria à igualdade entre descrições "A pessoa chamada 'Scott' é a pessoa chamada '*Sir* Walter'". Assim, como as descrições anteriores denotam, ou seja, a pessoa chamada "Scott" (e "*Sir* Walter") de fato existe (no caso, existiu), parece natural aceitar que a lei SUBST seja válida.

Para uma análise mais correta, segundo Stroll, devemos nos voltar para a distinção feita por Frege entre sentido e referência, da qual falaremos adiante. Mesmo que Russell possa ser criticado por questões como essa (e há outras, levantadas por vários filósofos), há que se reconhecer o grande avanço que sua teoria das

---
7. Stroll, *La filosofia analítica del siglo XX*, cap.2.

descrições proporcionou ao estudo do tema. Portanto, vamos prosseguir mais um pouco com ela.

Nomes como descrições abreviadas

Voltemos à sentença "Hilbert é careca". Para Russell, "Hilbert" é um nome (próprio), pois denota um objeto (no caso, Hilbert). Na linguagem da lógica de predicados de primeira ordem, o que desempenha o papel de nomes são as constantes individuais. Coloquemos, então, em nossa linguagem a constante individual a e suponhamos que o predicado unário F represente a propriedade "ser careca" em uma dada interpretação I. Então, "Hilbert é careca" pode ser escrita como $F(a)$. Assim, a sentença (fórmula sem variáveis livres) $F(a)$ será verdadeira na nossa interpretação se e somente se houver um subconjunto do domínio de nossa interpretação (que pode ser o conjunto das pessoas) que corresponda à coleção das pessoas carecas, um indivíduo denotado por a. Escrevemos isso assim: sendo I a interpretação, $\text{Ext}(F)$ o subconjunto do domínio formado por aqueles indivíduos que têm a propriedade F e $I(a)$ o objeto do domínio que é associado à constante individual a:

$$I \vDash F(a) \quad \text{see}^8 \quad I(a) \in \text{Ext}(F). \qquad (3.4)$$

Isso mostra o comprometimento "existencial" do quantificador existencial (como era supostamente de se esperar). A expressão (3.4) implica a seguinte:

$$I \vDash \exists x F(x) \quad \text{see} \quad I(a) \in \text{Ext}(F), \qquad (3.5)$$

ou seja, "existe um objeto que é um F" se e somente se o subconjunto do domínio que corresponde à extensão de F (o conjunto dos objetos "que são F") não for vazio.

---

8. Usamos "see" para abreviar "se e somente se".

Tomemos, no entanto, o nome "Pégaso". Podemos fazer com "Pégaso é o cavalo alado de Belerofonte" o mesmo que fizemos com "Hilbert é careca"? Russell vai dizer que não. O motivo é que "Pégaso" não denota e, portanto, não pode ser substituído por uma descrição, como "o cavalo alado de Belerofonte", sendo então um "nome disfarçado" somente, uma descrição abreviada.

Claro que a teoria de Russell tem limitações, como foi reconhecido por vários filósofos posteriores, como Strawson, Kripke, entre outros, como ainda estudaremos. Uma delas é a vagueza desse "critério de existência"; ora, sabemos que o autor de *Waverley* existiu, mas não estamos certos a respeito de Pitágoras, por exemplo. Como supomos, não existem cavalos alados, logo Pégaso não existe. Mas o que dizer de certos objetos supostos pelas teorias físicas, como *quarks*, neutrinos, cordas, membranas etc.? Essa questão não é simples, por isso a retomaremos no Capítulo 6. Agora vamos continuar com a teoria de Russell.

Eliminação das descrições por definições contextuais

Pensemos agora na sentença "O atual rei da França é careca". Se aceitarmos, como Russell, que os nomes próprios e as descrições são distintos, essa sentença, se estamos considerando a lógica clássica, não pode ser escrita na forma $F(a)$. Isso se deve ao fato de que, para $F(a)$ ser verdadeira, a extensão de F deve ser não vazia, ou seja, a constante a tem de denotar (referir-se a) um indivíduo bem determinado nessa extensão. Em português, a sentença em questão pode ser escrita, segundo a análise de Russell, como "existe uma pessoa e somente uma que é o atual rei da França e essa pessoa é careca". Em notação simbólica, podemos escrever isso levando em conta as seguintes sentenças:

(a) $\exists x R(x)$ que traduzimos por "existe ao menos um x que é o atual rei da França".

(b) $\forall x \forall y (R(x) \wedge R(y) \rightarrow x = y)$ que diz que o atual rei da França é único (se houver dois, eles são iguais).[9]

(c) $\forall x (R(x) \rightarrow C(x))$ qualquer que seja o indivíduo x que seja rei da França, ele é careca.

Lembremos agora que "x é o atual rei da França" pode ser escrito com o descritor: $\imath x R(x)$ e, portanto, "o atual rei da França é careca" fica $C(\imath x R(x))$. Por outro lado, as sentenças (a), (b) e (c) citadas podem ser sintetizadas em

$$\exists x (R(x) \wedge \forall y (R(y) \rightarrow y = x) \wedge C(x)). \qquad (3.6)$$

Esse é o modo pelo qual Russell elimina a descrição $\imath x R x$. É o que ele chama de definição contextual, ou seja,

$$C(\imath x R(x)) := \exists x (R(x) \wedge \forall y (R(y) \rightarrow y = x) \wedge C(x)). \qquad (3.7)$$

Em síntese, em sua definição contextual, não é dito explicitamente o que é o descritor, mas como ele deve ser usado em um certo contexto C. Desse modo, "O atual rei da França é careca" torna-se "Existe um único objeto que é o atual rei da França e esse objeto é careca". Escrevendo as frases contendo descrições desse modo, uma sentença como "O atual rei da França não existe" torna-se simplesmente falsa.

Ocorrências de uma descrição

Na linguagem de Russell, uma função proposicional é o que hoje chamaríamos de uma fórmula com variáveis livres. Ela

---

9. Isso pode ser abreviado assim: $\exists!xRx$, o quantificador $\exists!$ sendo lido como "existe um único".

"se torna uma proposição" (hoje, uma sentença que é verdadeira ou falsa) quando as variáveis livres são substituídas por termos outros que variáveis individuais e sem variáveis livres. Por exemplo, uma expressão da forma $F(x)$, com x livre e F um predicado unário, torna-se uma proposição quando substituímos x por um termo (como um nome) e é, então, verdadeira ou falsa. No dizer do próprio Russell:[10] "Por 'proposição' queremos dizer primariamente uma forma de palavras que expressa o que é ou verdadeiro ou falso", enquanto "Uma 'função proposicional' é, na verdade, uma expressão contendo um ou mais constituintes indeterminados tais que, quando lhes são assinalados valores, a expressão se torna uma proposição. Em outras palavras, ela é uma função cujos valores são proposições".[11]

Russell dizia que os nomes próprios que aparecem em sentenças como "Pégaso não existe" são descrições disfarçadas, ou abreviadas. Assim, devemos substituí-los pela descrição "o cavalo alado de Belerofonte" e expressar a proposição "o cavalo alado de Belerofonte não existe" da seguinte forma, em que $A(x)$ significa "o cavalo alado de Belerofonte", e $E(x)$ significa "x existe":

$$\neg\exists x(A(x) \land \forall y(A(y) \to y = x) \land E(x)). \quad (3.8)$$

Nesse caso, o que é negado não é algo (a existência) de um certo indivíduo, mas uma afirmativa acerca da existência de uma certa entidade no considerado domínio do discurso (o mundo, digamos), ou seja, estamos dizendo que é falso que exista um único indivíduo no mundo que seja o cavalo alado de Belerofonte e, o que quer que seja o cavalo alado de Belerofonte, esse indivíduo existe. Assim, a sentença (3.8) é verdadeira, porque $\exists x(A(x) \land \forall y(A(y) \to y = x) \land E(x))$ é falsa. (No entanto, estamos tratando a existência como um predicado, e isso não passará desapercebido adiante.)

---

10. Russell, *Introdução à filosofia matemática*, cap.XV.
11. Ibid., p.149.

Um outro modo de simbolizar "o atual rei da França não existe" seria

$$\exists x(R(x) \wedge \forall y(R(y) \rightarrow y = x) \wedge \neg E(x)) \quad (3.9)$$

que não é equivalente a (3.8), pois é simplesmente falsa, em virtude de que não há um atual rei da França, ao passo que (3.8) é verdadeira. Nessa última sentença, o que estamos negando é a existência (dada pelo predicado E). Assim, temos (3.8) e (3.9), que não se equivalem.

Com a teoria de Russell, nomes de entidades fictícias como "Pégaso" devem ser analisadas como "o único x que é um cavalo alado branco" e assim nos livramos de ter que nomear entidades não existentes. O mesmo ocorre com "círculo quadrado", que se torna "existe um único x que tem as propriedades de ser um círculo e ser quadrado" e, portanto, é simplesmente falsa. Desse modo, Russell elimina a pretensão de Meinong e sua teoria. (Posteriormente, veremos que Quine aceitou que todo nome próprio, inclusive os que denotam, podem se tornar uma descrição, e estão eliminados pelo método de Russell – na verdade, Quine elimina todos os chamados termos singulares.)

O mundo das ficções

Pégaso, Sherlock Holmes e o Saci Pererê seriam então criaturas da ficção, que "existiriam" unicamente nesses contextos? Se os enunciados acerca de objetos fictícios não têm valor-verdade porque esses objetos não existem, como podem ter sentido? Podemos simplesmente dizer que eles não têm critérios de aceitabilidade (por nós) e que asserções são distintas de suas condições de verdade. Mas, nesse caso, como saber se as leis da lógica clássica permanecem válidas? Com efeito, em um enunciado da forma $A \vee B$, se A e B não têm valor de verdade, como dizer que $A \vee B$ tem um? Da mesma forma, se A não tem valor de verdade, como pode

¬*A* ter um? Assim, alguns filósofos defendem que a lógica dos objetos fictícios deve ser não clássica (como comentaremos mais à frente). Um terceiro tipo de análise é possível. A expressão "denotar aquilo que não existe" tem pelo menos dois sentidos: (1) significa não ter qualquer referência e não denotar nada, e (2) denotar uma entidade não existente. Se optarmos por (2), podemos relegar todo o discurso sobre entidades fictícias como dependente de um operador "dentro da ficção". Desse modo, podemos dizer (dentro da ficção): "O Saci Pererê é um moleque que pula em uma perna só". Esses enunciados podem, então, ser verdadeiros ou falsos, mas somente "dentro da ficção". Porém, se interpretarmos o mundo da ficção como sendo efetivamente um mundo de entidades, voltamos a uma espécie de concepção meinonguiana. A mesma estratégia é adotada quanto aos objetos possíveis: dizemos que certos enunciados são verdadeiros em certos mundos possíveis, mas não em outros, o que nos reporta a considerar as modalidades (necessário e possível) e a semântica dos mundos possíveis (de Saul Kripke). Porém, seria unicamente a referência a "em um mundo possível" suficiente para nos fazer aceitar enunciados cujos sujeitos são unicamente possíveis? A semântica da lógica modal de Kripke fornece condições de verdade para enunciados envolvendo as modalidades *necessário* e *possível*, mas não resolve o problema ontológico acerca da natureza dos objetos possíveis. Mesmo quando filósofos como David Lewis (ver na subseção "O que existe?") sustentam que existem mundos possíveis contendo objetos possíveis e que eles são tão reais como é o mundo real relativamente aos objetos reais, mostra-se aí uma nova volta aos objetos não existentes de Meinong. Precisamos, pois, aprofundar o nosso estudo.

O que existe?

Sem termos uma definição sensata do que significa "existir", não podemos avançar muito na questão posta anteriormente. Mas temos tal definição? O tema da "existência" é bastante amplo na literatura filosófica.[12] Sem entrar nessa discussão, antecipamos algo dos capítulos que estão por vir, dizendo que, de um ponto de vista analítico, a questão da existência não pode ser posta sem que se considere uma lógica. Ou seja, dependendo da lógica utilizada, certas entidades podem "existir" em certo sentido, e "não existir" em outros. Por exemplo, o chamado *conjunto de Russell*, do qual falaremos no Capítulo 5, não "existe" nas teorias usuais de conjuntos, supostas consistentes, mas "existem" em certas teorias paraconsistentes de conjuntos. Como não podemos dizer sem reservas o que é "real" (como veremos no Capítulo 6), não teremos, aparentemente, critério melhor do que esse para "existir". Em resumo, uma saída um pouco ingênua de dizer que "existe o que é real" nos remete à suposta realidade, e veremos que não temos condições de afirmar que são "reais" muitas das entidades postuladas pelas teorias físicas atuais. Assim, "existir" fica necessariamente relativizado a um contexto, uma linguagem e uma lógica subjacente.

O realismo modal de Lewis

Em um livro célebre intitulado *On the Plurality of Worlds*, David Lewis (1941-2001) defendeu a tese da *pluralidade de mundos*, que abreviadamente diz o seguinte: O nosso mundo (o mundo real) seria um entre outros possíveis. Para Lewis, é possível haver um mundo no qual porcos voem e produzam mel. Tais porcos existiriam, mas não no nosso mundo. Todos os "outros" mundos seriam tão reais para seus habitantes como o nosso mundo o é para nós. O fato de chamarmos o "nosso mundo" de *real* é um fato meramente contingente, pois, se habitássemos outro mundo, aquele seria, para nós, o mundo real. Esses diversos mundos são espaçotemporalmente isolados, não havendo relações espaçotem-

---

12. Ver Miller, Existence, *The Stanford Encyclopedia of Philosophy*.

porais que vigorem entre eles que, portanto, não sejam afetados pelo que ocorre nos demais mundos. O realismo de Lewis não é uma divagação tola, ainda que seja muito controverso. Na verdade, uma das grandes virtudes de sua abordagem é permitir uma análise das chamadas *modalidades*, ou seja, expressões como "possível", "necessário", "poderia", "deve", entre outras, bem como dos denominados *condicionais contrafactuais*, a saber, expressões da forma "Se p tivesse acontecido, então q teria sido o caso".[13] Com efeito, a sentença "Porcos produzem mel" é falsa em nosso mundo, mas poderia ser verdadeira em um mundo possível. Lewis deu um tratamento diferente aos "mundos possíveis", uma ideia que parece remontar a Leibniz e que foi usada, em lógica, por Saul Kripke justamente para fundamentar uma semântica para as lógicas modais.

Ainda sobre o realismo de Lewis, cabe observar que, recentemente, alguns filósofos têm associado essas ideias a uma das mais comentadas interpretações da mecânica quântica, chamada de *interpretação dos muitos mundos* (que remonta a 1957). A ideia geral é a seguinte.[14]

Um dos traços característicos mais relevantes da mecânica quântica, que a distingue substancialmente da chamada física clássica, consiste no fato de admitir que os sistemas físicos possam estar em *superposição de estados*, mesmo que sejam "contrários" em um sentido.[15] Representemos o estado de um sistema físico por uma função que é "soma" (na verdade, uma combinação linear) de dois estados A e B assim: $E = A + B$. A mecânica quântica convencional diz que, quando se faz uma medida de algum observável do

---

13. Uma discussão introdutória pode ser vista em: Garret, *Metafísica*, cap.2.
14. Evidentemente, trata-se de uma simplificação exagerada; para detalhes, ver, por exemplo, Saunders et al., *Many Worlds?*.
15. Um dos exemplos mais significativos é o proposto por Schrödinger em 1935, conhecido como o "problema do gato de Schrödinger", do qual falaremos no Capítulo 6. Adiantamos que defendemos uma interpretação na qual "gato vivo" e "gato morto" não são contraditórias, mas contrárias.

sistema em tal estado, a função *E* "colapsa" em um dos estados *A* ou *B*, digamos em *A*, e *B* simplesmente deixa de existir. O que a interpretação dos muitos mundos diz é que, pelo contrário, o estado *B* continua a existir em um universo paralelo, inacessível a partir do universo *A*, mas tão real quanto o estado descrito por *A*, o por assim dizer "nosso mundo". Desse modo, a cada instante estaria sendo criada uma quantidade enorme de mundos paralelos, todos eles "reais".

Pode parecer estranho, mas essa interpretação tem trazido bons frutos à filosofia da física, pelo menos na visão de seus defensores, como se vê no mencionado livro.[16]

As críticas de Strawson a Russell

Na lógica aristotélica, sempre se pode passar de uma proposição categórica universal afirmativa (A) para uma particular afirmativa (I) por *subalternação*: de "Todo *S* é *P*" (como "Todo homem é mortal"), podemos inferir licitamente que "Algum *S* é *P*" (ou seja, "Algum homem é mortal"). Assim, se (A) é verdadeira, também o será a (I) correspondente. No entanto, se usarmos o simbolismo da lógica atual, escrevemos (A) assim:

$$\forall x(Sx \rightarrow Px) \qquad (3.10)$$

enquanto a (I) correspondente torna-se:

$$\exists x(Sx \wedge Px). \qquad (3.11)$$

Ora, a lógica atual não tem a restrição da lógica tradicional de que todos os termos gerais (como "homem", "mortal") devam ser não vazios (isto é, correspondam à existência de pelo menos um

---

16. Saunders et al., *Many Worlds?*.

homem e de pelo menos um mortal). Nas sentenças (3.10) e (3.11), o termo geral "homem" deixou de ser o sujeito gramatical das frases, passando a fazer parte de um dos predicados. Como os predicados S e P podem ter agora extensões vazias (ou seja, não haver qualquer x que seja um S ou um P), nada mais resta das frases denotativas aristotélicas (que sempre se referiam a alguma coisa "existente").

Desse modo, se não há homens (se não há x tal que Sx), então (3.10) é verdadeira (o antecedente do condicional é falso), mas (3.11) é falsa (pois é uma conjunção de duas sentenças, uma das quais é falsa). Disso resulta que a inferência de (3.10) para (3.11), na lógica clássica, não é lícita.

A transformação das frases denotativas (A) e (I) aristotélicas em sentenças da linguagem lógica atual (3.10) e (3.11), respectivamente, são, para Peter Strawson (1919-2006), um dos motivos de discórdia, pois, de acordo com a lógica clássica, toda sentença, como (3.10) e (3.11), deve ser verdadeira ou falsa e, para ele, esse é o erro que está sendo suposto. Vejamos outro exemplo. Essas considerações têm interesse em vários domínios, como quando consideramos leis físicas.

Com efeito, considere a lei da inércia, um dos postulados da mecânica newtoniana (chamada Primeira Lei de Newton): *Todo corpo que não sofre a ação de forças externas acha-se em repouso ou em movimento retilíneo uniforme* (MRU). Segundo a lógica aristotélica, podemos dizer que se trata de uma proposição da forma universal afirmativa (A). Se colocada na notação russelliana (da lógica usual), admitirá uma particular afirmativa (I) correspondente que será falsa porque, no universo, não existem corpos que não estejam sob a ação de forças externas. Assim, como o antecedente da lei da inércia é falso, a inexistência de tais corpos seria uma garantia para a veracidade da lei física!

Qual é o problema com isso? Trata-se do fato de que poderíamos, como diz Simpson,[17] formular a seguinte "lei física": *Todo*

---

17. Simpson, *Linguagem, realidade e significado*, p.179.

corpo celeste dirigido por um demônio realiza uma órbita quadrada, que, pelos mesmos motivos, seria verdadeira! O que se faz usualmente é subentender que leis como a da inércia são condicionais no seguinte sentido: *se existirem corpos que não estejam sujeitos a forças externas, então* eles estarão em repouso ou em MRU. De tais hipóteses, tiram-se consequências fantásticas, como a física deixa transparecer. Mas o problema filosófico não acaba, e a notação lógica utilizada, deveras importante, ainda nos traz dissabores. Com efeito, na lógica aristotélica, há ainda a chamada *conversão por acidente*: de "Todo homem é mortal", podemos inferir que "Algum mortal é homem" (passa-se de uma universal afirmativa para uma particular afirmativa, trocando-se sujeito e predicado).

Nesse caso, a questão torna-se complicada se tomarmos a proposição "Todas as montanhas de ouro são montanhas", que é analiticamente verdadeira. Por acidente, obtemos "Algumas montanhas são montanhas de ouro", que é falsa. Isso nos reporta ao problema do *importe existencial*; uma sentença da forma "Todo *S* é *P*" apresenta importe existencial quando parece envolver a informação implícita de que existem *S*s. Desse modo, a inferência

Todo *S* é *P*. (A)
(Hipótese) Existem *S*s.
(Conclusão) Alguns *S* são *P*. (I)

é lícita no âmbito da lógica clássica, pois $\forall x(Sx \to Px)$, $\exists x Sx \vdash \exists x(Sx \land Px)$, ao passo que $\forall x(Sx \to Px)$ pode ser verdadeira (caso não existam *S*s), sem que $\exists x(Sx \land Px)$ o seja.

Essa aparente discrepância entre a linguagem natural e as regras da lógica clássica está, no dizer de Strawson, em se supor (como assume a lógica tradicional) que as sentenças têm sempre de ser verdadeiras ou falsas. Ou seja, somos impelidos, na linguagem natural e em seu uso, a procurar sempre a condição semântica das sentenças das quais fazemos uso. Nisso Strawson concorda com Frege, em que a veracidade ou a falsidade de uma sentença não é condição necessária para sua significatividade, pois a questão da veracidade não se coloca nesses casos. Se não há entidades que sejam filhos de Paulo, a sentença "Todos os filhos de Paulo dormem" não é nem verdadeira, nem falsa. Para Strawson, há que se fazer uma distinção entre *sentença* (*sentence*) e *enunciado* (*statement*). Ao final, voltaremos a esse ponto mostrando que essa discussão é facilmente inteligível se fizermos a distinção entre sintaxe e semântica de uma linguagem.

Strawson distingue entre sentenças e enunciados. Para ele, a verdade e a falsidade são propriedades de enunciados, e não de sentenças. Qual é a diferença? Uma sentença é uma coleção (o matemático diria informalmente que é uma classe de equivalência) de marcas no papel, cada uma delas sendo uma *instância* da sentença, que é um objeto abstrato. Uma sentença não é verdadeira nem falsa, mas, quando é usada em determinado contexto, pode referir-se, por exemplo, a certos indivíduos, e poderá ser considerada verdadeira ou falsa. Desse modo, a veracidade ou falsidade de uma sentença depende do contexto (segundo a lógica atual, "depende da interpretação"). Ou seja, uma sentença pode ter um *significado*, que não deve ser confundido com a própria sentença. O problema é que os termos "sentença" e "enunciado" não estão definidos de modo preciso.

Como se pode perceber, a discussão não se encerra com as discussões apontadas. O assunto ainda é candente na literatura filosófica, tendo valor por si só. Porém, dado o caráter introdutório destas notas, achamos por bem encerrar a discussão neste ponto, deixando algum espaço para outros detalhes não vistos com frequência nos textos usuais de filosofia, como o do tópico seguinte.

Lógica elementar com o descritor

Agora veremos de que modo podemos formalizar a lógica elementar (de primeira ordem) clássica com igualdade de forma a incorporar um símbolo adicional, o descritor ɿ, ainda que não estudemos aqui tal lógica. Denotaremos por $\mathcal{L}_1$ uma linguagem contendo os seguintes símbolos primitivos:

1. Os conectivos sentenciais usuais (um conjunto completo).
2. Quantificadores (um deles, o outro sendo definido a partir deste).
3. Variáveis individuais: uma coleção enumerável.
4. Constantes individuais: uma coleção qualquer.
5. Símbolos para predicados: para cada natural $n > 0$, uma coleção não vazia de símbolos de predicados de peso n.
6. O símbolo de igualdade.
7. O símbolo de descrições: ɿ.
8. Símbolos auxiliares: parênteses.

Todas as convenções sintáticas são as usuais, que podem ser vistas em qualquer livro de lógica elementar, com o adendo de que, se $A(x)$ é uma fórmula na qual a variável x figure livre, então a expressão ɿ$xA(x)$ é um *termo* no qual a variável x é ligada. Os postulados de nossa lógica são os da lógica elementar clássica com igualdade, aos quais adicionamos os seguintes postulados para o descritor:[18]

(ɿ$_1$) ɿ$xA(x) = $ɿ$yA(y)$

(ɿ$_2$) $\forall x(A(x) \leftrightarrow B(x)) \rightarrow $ɿ$xA(x) = $ɿ$xB(x))$

(ɿ$_3$) $\exists!xA(x) \rightarrow \forall x(x = $ɿ$xA(x) \leftrightarrow A(x))$

Quanto à semântica, ela procede assim: se existe um único objeto que satisfaz $A(x)$, então o termo ɿ$xA(x)$ denota esse objeto. Caso não haja nenhum ou haja mais de um, diremos que ɿ$xA(x)$ é

---

18. Cf. da Costa, *Ensaio sobre os fundamentos da lógica*, p.138.

destituído de significado, e assim as expressões contendo o referido termo não serão nem verdadeiras nem falsas.[19] Vê-se que a lógica do descritor (na acepção de Russell, ao menos), assim como a sua eliminação contextual, depende essencialmente da identidade. Ao final (Capítulo 7), falaremos de um contexto no qual esse importante conceito pode ser questionado, e então as descrições nesse domínio adquirirão um sentido novo, ainda a ser explorado.

O ε de Hilbert

A partir do descritor, podemos definir um outro VBTO importante, o chamado *épsilon de Hilbert*, denotado por ε. Esse símbolo pode ser pensado como útil para formalizar a noção de descrição indefinida, da mesma forma como usamos ɿ para tratar das descrições definidas. Analogamente ao caso do descritor, uma expressão da forma $\varepsilon x A(x)$ é também um termo, no qual a variável x, que era livre em $A(x)$, é agora ligada em $\varepsilon x A(x)$. Semanticamente, $\varepsilon x A(x)$ denota um dos objetos que satisfazem $A(x)$, e permite-se que possa haver vários. Em outras palavras, o requisito da unicidade que havia com ɿ foi deixado de lado.

Uma lógica elementar com o símbolo de Hilbert tem a linguagem da lógica quantificacional clássica de primeira ordem com igualdade, como anteriormente, mais um símbolo primitivo ε, e postula-se que se $A(x)$ é uma fórmula na qual a variável x ocorre livre, então $\varepsilon x A(x)$ é um termo no qual x é ligada. Os postulados correspondentes a ε são:

(ε_1) $A(x) \to A(\varepsilon x A(x))$ (axioma de Hilbert)

(ε_2) $\forall x (A(x) \leftrightarrow B(x)) \to \varepsilon x A(x) = \varepsilon x B(x)$

---

19. Ibid.

Em uma lógica com ε, não necessitamos de quantificadores, pois estes podem ser introduzidos por definição, como segue (essa foi a motivação de Hilbert para introduzir o ε), das quais os postulados usuais da lógica quantificacional clássica podem ser derivados como teoremas:

Definição Na lógica $\mathcal{M}$, podem-se definir os quantificadores existencial e universal, bem como o descritor:

(∃) $\exists x A(x) := A(\varepsilon x A(x))$

(∀) $\forall x A(x) := A(\varepsilon x \neg A(x))$

(1) $\iota x A(x) := \varepsilon x (\exists! x A(x) \wedge A(x))$[20]

A recíproca, no entanto, não é verdadeira, ou seja, ainda que a lógica elementar clássica esteja "embutida" na lógica com ε, nem todas as expressões contendo ε encontram correspondente na lógica usual (sem o ε). Ou seja, a lógica com ε é estritamente mais forte do que a lógica elementar clássica. Uma consequência importante de se adotar ε é que, por seu intermédio, podemos derivar uma proposição equivalente ao axioma da escolha em teoria de conjuntos. Esse importante fato pode ser descrito sucintamente como segue (ver também a seção "Os postulados de ZFC", do Capítulo 5).

Em uma de suas formulações, o axioma da escolha diz que, dada uma coleção $\{A_i\}_{i \in I}$ de conjuntos não vazios e dois a dois disjuntos, existe um operador (uma "função escolha") que seleciona um e somente um elemento de cada um dos conjuntos da coleção, de modo a formar com eles um novo conjunto, o *conjunto escolha*. Seria como se tivéssemos um hotel completamente lotado e fôssemos formando, em volta da piscina, uma coleção de pessoas contendo uma pessoa de cada quarto. Essa possibilidade é bastante intuitiva e é um teorema das teorias usuais de conjuntos em caso de a coleção ser finita (como

---

20. Claro que $\exists! x A(x)$ abrevia $\exists x (A(x) \wedge \forall y (A(y) \to y = x))$.

no caso do hotel). Porém, se a coleção $\{A_i\}_{i \in I}$ contiver infinitos elementos, sabe-se que não se pode demonstrar a existência do conjunto escolha (na verdade, esse resultado é *independente* dos demais axiomas das teorias usuais de conjuntos, supostos consistentes). O axioma da escolha tem inúmeras aplicações em matemática. Em resumo, o axioma da escolha pode ser demonstrado em um sistema conveniente, fundado em uma lógica com ε (esse foi o modo como Bourbaki originalmente apresentou a teoria de conjuntos, somente usando o símbolo τ no lugar de ε).[21]

O ε funciona como o operador de escolha mencionado. Com efeito, podemos entender $\varepsilon x A_i(x)$ como representando um elemento arbitrário de A_i da coleção anteriormente abordada. Esse conceito pode tornar-se mais preciso com um pouco de tecnicidade.[22]

Relativamente à ontologia, uma vez que o uso do símbolo de Hilbert implica o axioma da escolha, no sentido apontado anteriormente, em uma teoria que o admite em sua linguagem teremos restrições quanto à existência de conjuntos que podem ser provados "existir" em uma matemática que não suponha tal axioma, como veremos no Capítulo 5. Ou seja, a ontologia, de certo modo, depende da lógica. Isso ficará claro mais à frente.

Uma lógica meinonguiana

Da Costa, Doria e Papavero propuseram uma formalização da teoria dos objetos de Meinong com o auxílio do ε de Hilbert e de uma lógica paraconsistente.[23] Sua ideia é a de que, por meio de uma lógica que possa admitir contradições (as lógicas paraconsistentes foram desenhadas para tanto), se possa contornar o obstáculo de que entidades, como o quadrado redondo, são entidades contraditórias.

---

21. Bourbaki, *Theory of Sets*.
22. O interessado pode ver Kneebone, *Mathematical Logic and the Foundations of Mathematics*, p.101.
23. Em da Costa et al., Meinong's Theory of Objects and Hilbert's ε-symbol, *Reports on Math. Logic*, v.25, p.119-32, 1991.

Explorar a ontologia meinonguiana à luz de uma lógica não clássica é algo muito interessante, pois, assim, é possível assumir que entidades contraditórias podem, de fato, "existir" (serem valores das variáveis da linguagem em questão). Porém, já salientamos, talvez o mais interessante seja não ver os objetos meinonguianos (por exemplo, o quadrado redondo) como contraditórios, mas como "contrários". No entanto, não entraremos nesses pormenores.

4
SER É SER O VALOR DE UMA VARIÁVEL

O filósofo brasileiro Oswaldo Chateaubriand Filho, no artigo "Quine and Ontology",[1] comenta quais seriam os três principais temas da obra de Quine relativamente à ontologia, a saber:

1. o comprometimento ontológico (ou compromisso ontológico, como preferem alguns);
2. a redução ontológica;
3. o critério de identidade.

Analisar os três pontos indicados por Chateaubriand é uma excelente maneira de se focar a obra de Willard van Orman Quine (1908-2000) relativa à ontologia. Quine foi um dos principais filósofos do século XX, e suas ideias são relevantes em qualquer discussão que trate de ontologia, sendo especialmente importantes para a filosofia analítica contemporânea.

Este capítulo será dedicado às ideias de Quine, visando explicar, sobretudo, sua máxima "ser é ser o valor de uma variável", que resume o critério de comprometimento ontológico de uma teoria, bem como do contexto no qual ela se insere. Ao final,

---

1. Chateaubriand, Quine and Ontology, *Principia*, v.7, n.1-2, p.41-74, 2003.

falaremos dos outros pontos mencionados anteriormente, bem como de outras questões relacionadas. Tendo em vista o caráter introdutório destas notas, não faremos uma investigação exegética, limitando-nos a abordar o tema de forma expositiva e, muitas vezes, informal. Nossas referências bibliográficas, no entanto, contêm indicações de obras em que o leitor pode aprofundar o estudo. Um excelente livro de apoio, do qual muito nos valeremos, é o de Orenstein.[2]

Comprometimento ontológico

É importante retomar brevemente aqui um assunto já discutido no Capítulo 1, sobre o uso da palavra "ontologia". Vimos anteriormente que, conforme a tradição, esse termo designa uma disciplina que se ocupa do estudo daquilo que há; assim, não faz sentido falar sobre *diferentes ontologias* ou, como veremos adiante, sobre o comprometimento ontológico de determinado discurso. Com efeito, por esse viés, há o que há, e, se devemos nos ocupar daquilo que há, não podemos ser parciais ou interpretativos. No entanto, modernamente, a palavra "ontologia" tem sido usada em sentido diverso, o que pode não agradar alguns filósofos tradicionais, principalmente aqueles que tiverem afinidade com Aristóteles. Hoje é comum falarmos em "ontologia associada a uma teoria", como "ontologia de uma mecânica quântica" ou "ontologia de uma teoria dos conjuntos", ainda que seja difícil caracterizá-la. Veremos nos capítulos posteriores que a ontologia, assim entendida, é dependente, por exemplo, de uma determinada lógica. Por ora, basta que entendamos o sentido em que a palavra vai ser usada doravante.

A primeira questão proposta por Chateaubriand trata de saber o que, em determinado discurso, revela um comprometimento ontológico. Ou, como sugere Orenstein, o que (que tipo de discurso)

---

2. Orenstein, *W. V. Quine*. O leitor pode também ver Decock, *Trading Ontology for Ideology*.

expressa uma ontologia. A resposta de Quine é breve: dizeres de existência podem ser construídos em uma linguagem quantificacional adequada (ele se referia a uma linguagem "regimentada"), na qual os quantificadores, como "existem", devem ser vistos como predicados fictícios. Explicar isso, no entanto, demandará certo esforço, e será necessário fazer uma digressão aos ditames da lógica tradicional, mas a compensação final será certamente apreciada.

O problema começa com o uso que fazemos dos nomes próprios, como "Sócrates", "Pégaso", e dos nomes comuns, ou termos gerais, como "filósofo" e "alado". O uso de termos gerais, e de variáveis para designá-los, é uma das grandes realizações de Aristóteles. Na lógica tradicional (aristotélica), as proposições categóricas, ou seja, expressões representando fatos, são de quatro tipos, denotados, respectivamente, pelas letras A, E, I e O, em que S é o "termo sujeito", e P é o "termo predicado".

(A) (Universal afirmativa): Todo S é P.
(E) (Universal negativa): Nenhum S é P.
(I) (Particular afirmativa): Algum S é P.
(O) (Particular negativa): Algum S não é P.

As letras A, E, I e O vêm das expressões latinas **AffIrmo** e **nEgO** (obviamente essa terminologia não se deve a Aristóteles, mas aos estudiosos medievais). Em todas elas, são empregados termos gerais no lugar do sujeito S e no do predicado P, como "filósofo" ou "brasileiro". É importante salientar que, na lógica tradicional, todos esses termos devem denotar, ou seja, suas extensões não podem ser vazias, o que não é exigido na lógica moderna (e isso constitui grande avanço, como veremos). As inferências realizadas utilizando esses tipos de proposições foram codificadas por Aristóteles em sua teoria do silogismo categórico, que vigorou como sinônimo de lógica praticamente até meados do século XIX, mas não vamos discutir esse assunto aqui. Nessa tradição, admite-se que as sentenças afirmativas têm conotação existencial; se uma sentença da forma A ou da forma I é verdadeira, então o sujeito da proposição (o referente do termo S) existe, e ela é falsa em caso contrário (quando da não existência). Na lógica tradicional, expressões da forma "Maria é bonita" ou, então, "Maria é mais alta que Joana" devem ser entendidas no sentido de se atribuir uma característica a um sujeito. Todas as proposições são da forma sujeito-cópula--predicado; no primeiro exemplo, "Maria" é o sujeito, "é" é a cópula, e "bonita", o predicado. No segundo caso, o sujeito e a cópula são os mesmos, e o predicado é "[ser] mais alta que Joana". Um dos grandes avanços da lógica moderna foi extrapolar essa limitação; no primeiro caso, o predicado passa a ser "é humano", enquanto, no segundo, entra em cena uma relação binária "... é mais alta que...", que tem dois indivíduos como argumentos. Na linguagem da lógica de predicados atual, escrevemos $B(m)$ para o primeiro caso, em que m denota Maria e B o predicado "bonita", ao passo que o segundo exemplo torna-se $A(m, j)$, sendo que A representa a relação binária mencionada, e m e j, respectivamente, são constantes individuais que denotam Maria e Joana. No final do século XIX, entra em cena a lógica quantificacional, pelas mãos de Gottlob Frege (1848-1925) e Charles Sanders Peirce (1839-1914).

Com os quantificadores, a partir de $B(m)$, podemos obter "x é bonita", ou $B(x)$, fazendo uso de uma variável x que, supostamente, percorre um domínio de indivíduos. Então, fazendo uso de um dos princípios básicos da lógica clássica, chamado de *Generalização Existencial*, obtemos:

$$B(m) \to \exists x B(x).$$

Assim, se $B(m)$ for verdadeiro, derivamos (por *Modus Ponens*) $\exists x B(x)$, ou seja, que há pessoas bonitas. Isso não está dizendo que Maria existe, mas que o domínio da interpretação, que contém, pelo menos, um indivíduo que cai sob o conceito "bonita" (tecnicamente, a extensão do predicado B, que é um conjunto), não é vazio. Se Maria não é bonita, ou seja, se $\neg B(m)$ for o caso, o condicional $B(m) \to \exists x B(x)$ é trivialmente (o matemático diria "vacuamente") verdadeiro, mas nada se infere acerca de existências.

No entanto, se $B(m)$ (for verdadeiro), então, como mostrado anteriormente, inferimos $\exists x B(x)$, o que nos compromete com coleções, ou conjuntos (no caso, de pessoas bonitas), como evidenciaremos à frente quando falarmos da redução ontológica. Se $B(m)$, então Maria pertence a esse conjunto. Perceba a diferença com a lógica tradicional. Quine dizia que "o idioma quantificacional é o idioma ontológico por excelência"; a linguagem e a lógica dos quantificadores, que permite que explicitemos expressões como $\exists x B(x)$, permite que tornemos explícitas nossas hipóteses ontológicas. Por exemplo, se essa expressão é verdadeira, estamos nos comprometendo com a existência de (conjuntos de) indivíduos bonitos. Para vermos isso com maior clareza, voltemos um pouco. Quine iniciou suas digressões sobre esse assunto a partir do papel desempenhado pelos nomes próprios, que assumiu servirem de alicerce para o significado ontológico de um discurso. Do que se disse sobre o fato de Maria ser bonita, aparentemente estamos nos comprometendo ontologicamente com (pelo menos) um indivíduo bonito. Mas, além dos nomes, há o que Quine chamava de "expressões sincategoremáticas" (*syncategorematic expressions*), os não nomes, como "redondeza" ou "filósofo". Será que, quando dizemos que círculos são redondos, estamos nos comprometendo com a existência de uma entidade, que podemos chamar de "redondeza"? Essa questão remonta à Antiguidade, e foi muito debatida na Idade Média; trata-se do *problema dos universais*, mas não trataremos dele aqui.[3]

A resposta de Quine a essa questão é dada também pela linguagem quantificacional. Se assumimos que "redondeza" é um nome que designa uma entidade (por exemplo, um círculo, da mesma forma que "bonita" designa, em particular, Maria), então, aplicando o procedimento anterior, chegamos a "$\exists x$ (x é uma propriedade de círculos)", o que nos compromete ontologicamente com, pelo

---

3. Klima, The Medieval Problem of Universals, *The Stanford Encyclopedia of Philosophy*.

menos, uma entidade abstrata, o universal "redondeza". Dito em outros termos, existem aquelas entidades para as quais estamos dispostos a fazer valer leis usuais da lógica quantificacional. O que passa a importar é um certo lugar nas expressões, que pode ser substituído por variáveis que percorrem certos domínios. Como disse Quine,

> em vez de descrever nomes como expressões com respeito às quais a generalização existencial é válida, podemos equivalentemente omitir menção expressa à generalização existencial e descrever os nomes simplesmente como as expressões constantes que substituem as variáveis e que são substituídas por variáveis de acordo com as regras usuais da quantificação.[4]

As variáveis passam a desempenhar um papel preponderante no esquema quiniano. O autor continua:

> Uma variável é usualmente pensada como associada a um domínio de entidades, o assim chamado domínio dos valores das variáveis. O domínio dos valores não deve ser confundido com o domínio dos substituendos (*substituends*). Os nomes sao substituendos; as entidades nomeadas são os valores. Os numerais, nomes dos números, são substituendos para as variáveis da aritmética; os valores dessas variáveis, por outro lado, são números. As variáveis podem ser superficialmente pensadas como nomes ambíguos de seus valores. Esta noção de nomes ambíguos não é tão misteriosa como primeiramente parece, porque é essencialmente a noção de um pronome; uma variável "x" é um pronome relativo usado em conexão com um quantificador "(x)" ou "$(\exists x)$".[5]

Aqui há, então, cinco modos de dizer a mesma coisa: "Há uma coisa como apendicite", "A palavra 'apendicite' designa", "A palavra 'apendicite' é um nome", "A palavra 'apendicite' é o substi-

---

4. Quine, *Designação e existência* apud Orenstein, *W. V. Quine*, p.25.
5. Escrever "(x)" é um modo alternativo e bastante comum de expressar a quantificação universal $\forall x$.

tuinte de uma variável", "A doença apendicite é o valor de uma variável". O universo das entidades é o domínio dos valores das variáveis. Ser é ser o valor de uma variável.[6]

Assim, para ele, existem aquelas entidades que podem ser os valores das variáveis nas sentenças quantificadas, de modo que as instanciações dessas variáveis pelos nomes dessas entidades tornem as referidas sentenças verdadeiras. Falaremos mais sobre isso adiante, com mais detalhes.

E se não há variáveis?

Uma questão ao critério quiniano poderia ser colocada da seguinte forma: se existe aquilo que pode ser valor de uma variável, como podemos adotar esse critério se a linguagem de certa teoria não dispõe de variáveis? Esse é o caso, por exemplo, da versão da teoria Zermelo-Fraenkel (que veremos no Capítulo 5, na seção "Os postulados de ZFC") apresentada por Nicolas Bourbaki,[7] ou então da teoria dos conjuntos destituída de variáveis de Tarski (1901-1983).[8] Não importa aqui revisar como Bourbaki ou Tarski apresentam suas teorias, o que nos distanciaria de nossos objetivos. Mas, aceitando que isso é possível, podemos simplesmente dizer que o critério de comprometimento ontológico de Quine diz respeito a linguagens devidamente "regimentadas", sendo a linguagem quantificacional o idioma ontológico por excelência, como visto anteriormente. Em sua abordagem, isso certamente envolveria variáveis, dada a consideração que Quine tinha pela lógica, entendendo-a como a lógica elementar sem identidade com um número finito de predicados. A linguagem dessa lógica conteria variáveis

---

6. Quine, *Designação e existência* apud Orenstein, *W. V. Quine*, p.25.
7. Bourbaki, *Theory of Sets*.
8. Tarski; Givant, *A Formalization of Set Theory without Variables*.

individuais, que poderiam ser introduzidas, não padecendo seu critério dessa crítica.

Há, no entanto, outras objeções, que serão mencionadas no Capítulo 5.

Interpretações dos quantificadores

A ênfase na distinção entre os substituendos e os valores das variáveis tem a ver com as interpretações mais comuns que se faz com os quantificadores, a *objectual* e a *substitucional*. De acordo com a interpretação objectual, que Quine preferia,[9] um quantificador é interpretado em termos dos valores da variável que nele ocorre, ou seja, dos objetos (em um certo domínio) que a variável percorre. Assim, $\forall x F(x)$ significa "para todos os objetos x do domínio, $F(x)$".

A interpretação substitucional, por outro lado, apela aos substituendos para aquilo que pode substituir x, e não para os valores das variáveis propriamente (os objetos). Desse modo, $\forall x F(x)$ significa "todas as instâncias substitucionais de x em $F(x)$ são verdadeiras".

A interpretação substitucional, ainda que preferida por alguns filósofos, apresenta problemas quando o domínio não é enumerável (não permite uma bijeção com o conjunto dos números naturais), pois, nesses casos, as linguagens "regimentadas" usuais, que são enumeráveis, não conterão nomes em quantidade suficiente para todas as substituições. Como os domínios infinitos não enumeráveis (como o conjunto dos números reais) são fundamentais em matemática, a interpretação objectual é mais afeita às necessidades matemáticas. Para Quine, o que pode ser valor de uma variável é o objeto, e não o seu nome. Insistamos um pouco mais nesse ponto.

A frase "ser é ser o valor de uma variável" centraliza a concepção ontológica quiniana. Repare que Quine não está asseverando o que há, mas o que pode ser admitido existir: aquilo que

---

9. Decock, *Trading Ontology for Ideology*, p.24.

pode ser o valor de uma variável de uma adequada linguagem. No entanto, Quine moveu-se acerca do que podia ser associado aos valores das variáveis. Inicialmente, admitiu o ato de nomear ou designar (interpretação substitucional dos quantificadores). Posteriormente, percebeu que a predicação era mais fundamental que nomear. Como disse,

> Um outro modo de dizer quais objetos uma teoria requer é dizer que são os objetos acerca dos quais alguns dos predicados da teoria tenham que ser verdadeiros a fim de que a teoria seja verdadeira. Mas isso é o mesmo que dizer que são os objetos que têm que ser valores das variáveis para que a teoria seja verdadeira.[10]

Orenstein discute dois motivos para essa mudança de estratégia de Quine. Primeiramente, como já foi mencionado, ele teria percebido que há domínios, como o conjunto dos números reais, que, nas linguagens regimentadas usuais, não admitem nomes para todos os seus elementos.[11] É fato que, nas linguagens do tipo que Quine considera, podemos dar um nome para um número real qualquer isoladamente, mas não podemos elaborar uma lista de nomes para todos eles, como demonstrou Georg Cantor (1845-1918), o criador da teoria dos conjuntos: o conjunto dos números reais não é enumerável. Fatos como esse fizeram Quine optar pela predicação como básica para nos referirmos às coisas do mundo. Outro motivo para essa alteração de ênfase no que é a base de uma ontologia está no fato de que nomes e outros termos singulares podem ser dispensados, ou seja, não necessitam fazer parte da notação canônica básica. Usando a teoria das descrições de Russell, Quine elimina nomes próprios e outros termos singulares.

---

10. Quine, Sobre o que há, in: *Ryle, Strawson, Austin, Quine*.
11. No entanto, poderíamos tomar os próprios números reais como seus nomes, mas isso extrapola as hipóteses de Quine.

Eliminação de termos singulares

Suponha que a sentença "Sócrates é filósofo" seja verdadeira. Ela contém o nome próprio "Sócrates". Quine encontra um modo de transformar esse nome em um predicado, como "socratiza", ou "é idêntico a Sócrates", denotado pela letra S, que corresponde ao verbo "socratizar". Desse modo, $S(x)$ significa que x socratiza, ou que x é Sócrates (na hipótese de haver um só indivíduo). Então, onde haveria um nome, ele consegue fazer surgir uma descrição definida. Assim, "Sócrates é filósofo" fica parafraseada em "existe um objeto e um só que socratiza, e este objeto é filósofo". Na linguagem da teoria de Russell, seria algo como $F(\imath x S(x))$, ou $\exists x (S(x) \land \forall y (S(y) \rightarrow y = x) \land F(x))$. Assim, Quine procede segundo o dito de David Kaplan (citado por Orenstein):[12] "quinizar o nome e russellizar a descrição". Isto é, transformar o nome em um predicado, recaindo em uma descrição definida, e depois eliminar a descrição por definição contextual. Obviamente, se, em vez de um nome, já contarmos com uma descrição, o artifício de "quinizar" é dispensado, como em "O filho mais velho da rainha da Inglaterra é admirador de cavalos".

Desse modo, na notação canônica básica, restam somente os conectivos lógicos, as variáveis individuais, os quantificadores, os predicados e o símbolo de identidade. Como comenta Orenstein,

> [a] importância para a ontologia da eliminação dos nomes é que a referência, isto é, a função ontologicamente significativa da linguagem, é desempenhada sem nomes. O comprometimento ontológico é assunto das variáveis e dos objetos como seus valores, e não dos nomes dos objetos que elas nomeiam.[13]

Em resumo, quando Quine diz que "ser é ser o valor de uma variável", ele não nos diz o que devemos aceitar em nossa

---

12. Orenstein, *W. V. Quine*, p.30.
13. Ibid.

ontologia, mas unicamente como devemos nos comprometer com certa ontologia. Como ele mesmo diz em "Sobre o que há": "uma teoria está comprometida com aquelas e somente com aquelas entidades a que as variáveis ligadas da teoria devem ser capazes de se referir a fim de que as afirmações feitas na teoria sejam verdadeiras".[14]

Verdade

A palavra "verdade" surgiu várias vezes na discussão anterior, mas ainda nada dissemos sobre tal conceito, que foi usado em tom informal. Certamente, podemos assumir que, quando Quine se refere ao conceito de verdade, pretende mencionar a *definição semântica* de Alfred Tarski. Tarski não define propriamente verdade, mas a caracteriza como um atributo de sentenças de certas linguagens formalizadas. Resumidamente, sua "definição" (como se costuma dizer) foi elaborada para ser (1) adequada materialmente e (2) correta formalmente. Por adequação material, deve-se entender que ela deve captar a essência do conceito correspondencial intuitivo da verdade, já presente de forma tosca na *Metafísica* de Aristóteles,[15] quando ele "define o que são a verdade e a falsidade", dizendo que "dizer do que é, que não é, e do que não é, que é, é falso, e dizer do que é, que é, e do que não é, que não é, é verdadeiro". Na Idade Média, esse dito foi interpretado no sentido de que "verdade é aquilo que é" ou "aquilo que corresponde à realidade".

Por correção formal, devemos entender que a definição não deve ser dada pressupondo o conceito de verdade que está sendo definido, ou seja, deve ser explícita. A definição, segundo Tarski, deve realizar todas as instâncias daquilo que ficou conhecido como *esquema T*:

---

14. Quine, Sobre o que há, in: *Ryle, Strawson, Austin, Quine*, p.225.
15. r 1011b25.

(T) "S" é verdadeira se e somente se S,

em que S é uma sentença (de adequada linguagem formalizada) e "S" é um nome de S. Por exemplo, uma *instância* do esquema T é:

"A neve é branca" é verdadeira se e somente se a neve é branca.

Ou seja, a sentença "A neve é branca" (veja que, colocando a sentença entre aspas, estamos nos referindo a ela, e não a utilizando) é verdadeira se e somente se o que ela expressa for de fato o que é, se ela corresponder à realidade, ainda que os termos "corresponder" e "realidade" sejam vagos. A definição de Tarski pretendeu evitar essa vagueza. A correção formal diz respeito à necessidade de que a definição seja dada para certas linguagens, e que seja tal que termos ambíguos como os mencionados anteriormente não apareçam.

As sentenças das linguagens às quais a definição de Tarski se aplica, como a do cálculo de predicados de primeira ordem com identidade, referem-se a certos domínios de aplicação (ou domínios do discurso, como se costuma dizer), e é aí que seu vínculo com a ontologia aparece. Esses domínios, de acordo com a semântica usual, são conjuntos, coleções de indivíduos. Assim, uma sentença como $\exists x$ (x é filósofo) ou, simbolicamente, $\exists x F(x)$, é verdadeira relativamente a um particular domínio que contenha seres humanos, por exemplo, se e somente se houver um subconjunto desse domínio que seja não vazio e constituído por filósofos. Dessa forma, a sentença é verdadeira porque "fala a verdade" relativamente ao domínio. Repare que, se mudarmos o domínio para, por exemplo, um constituído por lagartos, então a sentença será falsa, uma vez que (supostamente) não há lagartos filósofos. Ou seja, uma sentença é verdadeira sempre relativamente a um determinado domínio; não há verdade *tout court* (sem mais nada).

Desse modo, a utilização do conceito semântico de Tarski serve aos propósitos de evidenciar de que forma certas expressões de linguagens adequadas referem, da mesma forma que o fazem o uso de nomes ou a predicação.[16]

A redução ontológica e o critério de identidade

O critério quiniano de redução de uma ontologia a outra tem sido bastante discutido na literatura, havendo críticas a conceitos não muito claros introduzidos por Quine, como o de *proxy function*, bem como sobre a ideia de *universos*, entre outros. No entanto, é seguro afirmar que a ontologia quiniana se reduz a conjuntos. Neste tópico, veremos o porquê, ainda que não seja feita uma análise detalhada, a qual pode ser vista em alguns autores[17] e nos próprios trabalhos de Quine apontados nas referências bibliográficas. O que vamos fazer será discutir o assunto da redução ontológica dentro do tema "não há entidade sem identidade", que pode ser considerado o *slogan* de Quine.

Como se pode interpretar tal tema e como se pode relacionar a afirmativa com o assunto da ontologia? No livro já citado, Decock sustenta que o critério de identidade exigido por Quine tem um objetivo: sustentar o que denomina de extensionalismo.

Decock destina um capítulo para discutir essa noção, que resumiremos (com todo o risco) em uma frase: só podem *existir* (para uma teoria) entidades para as quais um critério de identidade tenha sido proporcionado.

---

16. Para uma leitura mais aprofundada da noção tarskiana, ver Hodges, Tarski's Truth Definitions, *The Stanford Encyclopedia of Philosophy*; dois dos principais artigos de divulgação escritos por Tarski sobre sua "definição" encontram-se em Tarski, A *concepção semântica de verdade*, e uma exposição introdutória está em Henkin, Verdade e demonstrabilidade, in Morgenbasser (Org.), *Filosofia da ciência*.
17. Iwan, An Analysis of Quine's Ontological Reduction and the World of Numbers, *Erkenntnis*, v.53, n.1-2, p.195-218, 2000; Chateaubriand, Quine and Ontology, *Principia*, v.7, n.1/2, p.41-74, 2003; Orenstein, *W. V. Quine*; Decock, *Trading Ontology for Ideology*.

Em especial, deve valer sempre o chamado princípio da substitutividade, ou, como Quine o denomina, princípio da indiscernibilidade dos idênticos, que podemos formular do seguinte modo: nomes de objetos idênticos podem ser substituídos um pelo outro em qualquer contexto *salva veritate* (preservando-se a verdade). É óbvio que há vários conceitos envolvidos; por exemplo, o que se deve entender por identidade? Trata-se de um ponto sutil. Em geral, dispomos unicamente de um conceito informal de identidade, que aplicamos aos objetos que nos cercam, como quando falamos: "O carro que está na minha garagem agora (o meu carro) é o mesmo que estava lá ontem, dado que eu não o troquei e ele não foi roubado ou emprestado a alguém". A questão sobre como sabemos que um objeto, ou uma pessoa, pode ser reidentificado é antiga e problemática. Usualmente associamos a um objeto uma individualidade como se isso indicasse sua identidade, e o fazemos por meio do conceito gêmeo de discernibilidade; objetos são indivíduos, têm identidade, quando podemos discerni-los de outros, mesmo que similares. Mas o que confere individualidade a um objeto? Pode haver dois objetos exatamente iguais, diferindo apenas por um ser um e o outro ser o outro ou, como se diz, que difiram "solo numero"? Leibniz respondeu essa questão com um sonoro "não". Para ele, se dois objetos são *dois*, deve haver uma qualidade, um atributo, ou propriedade, que os distinga. Essa passagem foi encerrada em seu famoso princípio da identidade dos indiscerníveis, que pode ser assim enunciado: "Não é verdade que duas substâncias possam se assemelhar completamente e diferir somente em número [*solo numero*]".[18]

A validade desse princípio tem sido muito discutida, principalmente depois do advento da mecânica quântica,[19] mas não tocaremos nesse assunto por enquanto. O importante é que ele é, de um modo ou de outro, encerrado na lógica e na matemática clássicas; em qualquer teoria nelas baseada, não há entidades absolutamente

---

18. Leibniz, *Discourse of Metaphysics*, p.9.
19. French; Krause, *Identity in Physics*.

indiscerníveis (que se assemelhem completamente). Para tratarmos de entidades indiscerníveis no âmbito da lógica e da matemática usuais, necessitamos introduzir alguns truques, como condições de simetria. Mas isso é artificial, como discutiremos à frente. Chamaremos a teoria da identidade da lógica usual de *teoria tradicional da identidade*. Para os nossos propósitos, faremos uma digressão envolvendo tanto essa teoria quanto o critério de redução ontológica de Quine, procurando entender em conjunto os pontos 2 e 3 destacados por Chateaubriand vistos no início do capítulo. Para tanto, comecemos com um breve comentário sobre o artigo "Whither Physical Objects?",[20] no qual Quine fala da evaporação do conceito de objeto físico.

Resumidamente, ele sugere que podemos substituir (reduzir) uma ontologia de objetos físicos por uma de lugares no espaço-tempo cujos estados são descritos por quádruplas de números reais da forma (x, y, z, t), as três primeiras referindo-se à posição espacial e a última sendo uma coordenada temporal. Ou seja, uma ontologia de objetos físicos é reduzida a uma "ontologia de quádruplas de números reais". Em seu livro *Ontological Relativity and Other Essays*, Quine disse que essa redução mostra a relatividade de uma ontologia, e mais tarde, em seu *Pursuit of Truth*, referiu-se à indiferença de uma ontologia. Na matemática usual, se adotarmos um ponto de vista conjuntista, uma quádrupla ordenada de números reais nada mais é do que um conjunto e, portanto, o que resta, na verdade, são conjuntos. Em suma, a ontologia quiniana reduz-se a conjuntos.[21] Podemos dizer então que, em certo sentido, aquilo que há são conjuntos. Assim posto, uma ontologia fica sujeita ao que pode ser descrito por meio de conjuntos.[22] (A própria

---

20. Quine, Whither Physical Objects?, in: Cohen et al. (Eds.), *Essays in Memory of Imre Lakatos*.
21. Quine não se refere a uma teoria particular de conjuntos, mas é mister observar que há muitas delas, não equivalentes entre si, e o que vem a ser um conjunto depende da teoria considerada; ver mais adiante e o Capítulo 5.
22. Deve-se destacar que parte da matemática usual pode ser erigida em uma lógica de ordem superior ou por meio da teoria de categorias, independentemente da

caracterização do conceito de espaço-tempo é problemática, se quisermos dar um passo atrás na ontologia quiniana; com efeito, há os conceitos de espaço e tempo absolutos, típicos da mecânica newtoniana – e da mecânica quântica não relativista –, assim como há o conceito de espaço-tempo da relatividade restrita etc. Decock menciona essa questão no Capítulo 3 de seu livro.)

Nesse sentido, o filósofo Mario Bunge[23] tem ideias parecidas com as de Quine. Em seu livro *Treatise on Basic Philosophy*, Bunge defende uma suposta *neutralidade* da teoria dos conjuntos que, segundo ele, é capaz de expressar qualquer ontologia. Em outras palavras, para Bunge, a lógica e a matemática seriam *ontologicamente neutras*.[24] Por esse motivo, permitiriam a construção de teorias ontológicas quaisquer.

Não teríamos restrição à frase de Bunge ou à redução ontológica de Quine se eles se referissem à *linguagem* da teoria dos conjuntos, que é como uma linguagem universal, na qual podemos expressar praticamente qualquer conceito necessário às teorias físicas.[25] No entanto, eles se referem à *teoria* dos conjuntos, o que é diferente. Com efeito, *conjuntos* são entidades matemáticas descritas nas teorias correspondentes.

O próprio Quine propôs duas teorias, que são atualmente conhecidas como os sistemas NF de Quine-Rosser e ML de Quine-Wang. A primeira delas apareceu no artigo intitulado "New Foundations for Mathematical Logic", publicado por Quine em 1937 (NF vem de New Foundations), e posteriormente incrementado por Barkley Rosser. O segundo sistema apareceu em seu livro *Mathematical Logic* que, depois, foi melhorado por Hao Wang.

---

noção de conjunto. No entanto, tudo indica que essas hipóteses não foram citadas por Quine.
23. Mario Augusto Bunge (1919-), físico e filósofo argentino radicado no Canadá.
24. Bunge, *Treatise on Basic Philosophy*, v.3, p.15.
25. Mesmo *linguagens* de ordem superior ou da teoria das categorias podem ser formuladas no escopo de uma teoria como ZF (Zermelo-Fraenkel, da qual falaremos à frente). Isso, no entanto, não significa que a teoria de categorias seja redutível a ZF.

O que são conjuntos em NF e ML destoam em parte do que são conjuntos na teoria ZF (Zermelo-Fraenkel). Na verdade, ainda que se tenha um conceito intuitivo de conjunto em mente, qual seja, o de uma coleção de objetos, rigorosamente o que é ou não um conjunto depende da particular teoria dos conjuntos que se está considerando.

Porém, podemos aceitar que conjunto, para Quine, é o que postula ZF, pois o que vamos dizer de ZF ocorre nos outros sistemas, apesar das diferenças entre eles. Para enfatizar o que pretendemos considerar, vamos acompanhar Thomas Foster, um dos matemáticos atuais que é especialista no sistema NF. Segundo ele:

A teoria dos conjuntos é o estudo dos conjuntos, que são a mais simples de todas as entidades matemáticas. Vamos ilustrar esse fato contrastando conjuntos com grupos. Dois grupos distintos podem ter os mesmos elementos e mesmo assim diferir pelo modo como esses elementos são relacionados. Conjuntos são distinguidos da restante fauna matemática pelo fato de que um conjunto é constituído somente por seus elementos: dois conjuntos com os mesmos elementos são o mesmo conjunto. Para usar um jargão de outra era, conjuntos são propriedades em extensão. Como resultado, todas as teorias [extensionais] postulam o axioma da extensionalidade[26] $\forall x \forall y (x = y \rightarrow \forall z (x \in z \leftrightarrow y \in z))$: elas diferem no modo pelo qual propriedades têm ou não extensões.[27]

Observe que o axioma da extensionalidade faz uso essencial da noção de identidade: dois conjuntos são idênticos quando têm os mesmos elementos. A teoria tradicional da identidade, à qual já nos referimos antes, é parte da lógica subjacente às teorias usuais de

---

26. Essa é a forma simbólica do axioma apresentado na p.128.
27. Foster, Quine's NF – 60 Years On, *The American Mathematical Monthly*, v.104, n.9, p.838-45, 1997.

conjuntos (como Z, ZF e NF, entre outras),[28] e é complementada pelo axioma da extensionalidade. Essencial para a ontologia quiniana, portanto, é o conceito de identidade. Outro fato importante é o poder redutor da teoria de conjuntos, que vai permitir a redução ontológica quiniana a conjuntos. Isso significa que praticamente toda a matemática contemporânea pode ser descrita em termos de conjuntos e operações com conjuntos. O "praticamente toda" refere-se a certas partes da matemática atual que não seriam redutíveis ao conceito de conjunto, como a noção de categoria. No entanto, em teorias de conjuntos fortes, suplementadas por certos tipos de entidades chamadas de universos, mesmo a teoria de categorias pode ser escrita em termos conjuntistas, o que comprova o que se afirmou anteriormente sobre a capacidade expressiva da *linguagem* conjuntista. Isso significa, guardada a cautela, que todas as entidades descritas matematicamente são conjuntos, por isso, a *redução ontológica* de Quine a conjuntos tem um sentido preciso.

No entanto, tendo em vista a validade da teoria tradicional da identidade nesses contextos, no sentido de que qualquer objeto descrito por uma teoria dos conjuntos deve obedecer às regras da teoria da identidade clássica, todas as entidades são indivíduos, ou seja, têm identidade. Daí o lema de Quine "não há entidade sem identidade" encontrar respaldo na matemática usual e completar de forma coerente (dentro da sua filosofia) o seu critério de comprometimento ontológico e a sua redução ontológica a conjuntos (e seu *extensionalismo*).

Ou seja, aquilo que pode ser o valor de uma variável (de uma adequada linguagem em notação canônica) é sempre um indivíduo, algo "que tem identidade". Cabe observar que a redução quiniana não se dá sem problemas, pois, se tudo se reduz a conjuntos, estes dependem da teoria considerada. Assim, não sabemos, de fato, a

---

28. Z é a teoria originalmente proposta por Zermelo; ZF é, como já se disse, a teoria Zermelo-Fraenkel, e NF uma das teorias de Quine. Para uma visão de todas essas teorias, ver Krause, *Introdução aos fundamentos axiomáticos da ciência*.

que uma ontologia se reduziria. Entre tais conjuntos, podemos considerar o conjunto universal, aceito em NF? Podemos aceitar o chamado *conjunto de Russell*, aceito pelas teorias paraconsistentes de conjuntos? Podemos aceitar categorias, uma vez ampliada adequadamente a base matemática via universos? Fortalecendo-se adequadamente ZF pela adição de "universos", pode-se encontrar um modo de inserir a usual teoria de categorias nessa teoria fortalecida.[29] O conjunto de Russell, que será abordado no Capítulo 5, pode ser descrito como a coleção de todos os conjuntos que não são membros (elementos) deles mesmos. Pode-se provar facilmente que, se ZF for consistente, tal conjunto não pode existir, pois sua existência implica uma contradição. No entanto, ele pode existir em uma adequada teoria paraconsistente de conjuntos.

Claro que, para Quine, essas questões aparentemente seriam respondidas no negativo, dado seu comprometimento com a teoria de conjuntos padrão (como ZF). Porém, essa escolha é bastante restritiva, semelhante a dizer que somente as retas da geometria euclidiana é que são retas verdadeiras. Assumir tal posição parece uma atitude por demais conservadora.

O Capítulo 6 tratará mais desse assunto e do modo pelo qual, mudando adequadamente a teoria dos conjuntos, podemos nos comprometer ontologicamente com entidades que não obedecem à teoria da identidade usual, que chamaremos de *não indivíduos*. Assim, se entendermos "lógica" como lógica clássica (ainda que a caracterização do que seja a lógica clássica também seja meio vaga) e "matemática" como a parte da matemática que pode ser elaborada em ZF, então ambas não são neutras, como queria Bunge, uma vez que estão comprometidas com a noção de indivíduo, ainda que noções como a de indivíduo não sejam absolutas, pois dependem da linguagem e da lógica em que são formuladas. No

---

29. Brignole; da Costa, On Supernormal Ehresmann-Dedecker Universes, *Mathematische Zeitschrift*, n.122, p.342-50, 1971.

entanto, é bom lembrar que, segundo Quine, estamos em um contexto "clássico".[30]

Da mesma forma, à luz da teoria quântica, aparentemente somos conduzidos a uma ontologia de não indivíduos, que simplesmente não existiria na ontologia quiniana.[31]

O que é "ter identidade"?

Há, no entanto, uma questão adicional em que necessitamos tocar e que resulta de considerações anteriores: a referência ao fato de que as entidades devem *ter* (*ou possuir*) *identidade*. O que isso significa?[32]

Diremos que um objeto x tem identidade se é objeto de uma teoria T que possua uma teoria da identidade, tal que x obedeça a essa teoria. Isso é bastante vago, mas algumas explanações ajudarão a entender o ponto. Uma definição deveria ser a de uma T-identidade, ou de *identidade em T*.

Suponha que T seja uma teoria regimentada ao estilo de Quine, possuindo em sua linguagem apenas uma quantidade finita de predicados. Por exemplo, os predicados de T são dois predicados, um unário F e um binário P. Podemos então, à maneira de Quine, definir a identidade de nossa teoria pela exaustão dos predicados da seguinte forma:

Definição

$$a = b := (F(a) \leftrightarrow F(b)) \land \forall x((P(a,x) \leftrightarrow P(b,x)) \land (P(x,a) \leftrightarrow P(x,b)).$$

---

30. Para maiores discussões sobre o ponto de vista de Bunge, ver Gelowate et al., Observações sobre a neutralidade ontológica da matemática, *Episteme*, n.17, p.145-57, 2005.
31. Ver French; Krause, *Identity in Physics*.
32. O Capítulo 6 versará sobre a individuação de objetos, mas aqui serão feitas outras considerações.

Essa teoria diz que *a* e *b* são idênticos (iguais) quando satisfazem todos os predicados da linguagem.

Ora, tal definição reputa como iguais objetos que temos como distintos. Suponha que interpretemos os objetos de *T* em um domínio contendo pessoas, que *F* indique o predicado "ser paulista" e que *P* indique a propriedade "morar a 10 km do Viaduto do Chá". Certamente haverá muitos paulistas que moram a essa distância do viaduto, sem que, no entanto, sejam a mesma pessoa. Isso indica que os predicados da linguagem não permitem discernir entre *a* e *b*, ainda que eles possam ser distinguidos em uma *teoria de fundo* no sentido quiniano, como em uma teoria cuja linguagem seja obtida acrescentando-se um predicado *S* tal que $S(a)$ mas $\neg S(b)$, por exemplo, sendo *S* o predicado "morar ao norte do Viaduto do Chá".

O que importa considerar, no entanto, são aquelas *T* que se fundamentam na teoria *usual* (ou "tradicional") da identidade que, em uma formulação como teoria elementar, assumem os axiomas da identidade vistos antes (reflexividade e substitutividade) e eventualmente o axioma da extensionalidade de ZF. Isso faz da teoria uma teoria de *indivíduos*, pois um objeto *x* será idêntico somente *a ele mesmo*, ou seja, a coleção dos objetos idênticos a *x* terá cardinal 1.

Isso tudo mostra que "ter identidade" é algo relativo e depende da teoria considerada, e o mesmo se pode dizer de conceitos como indiscernibilidade e indistinguibilidade, que serão considerados à frente, ou seja, como já foi dito, esses conceitos dependem da linguagem e da lógica adotadas. No entanto, se essas teorias forem fundamentadas na lógica clássica, tal como formulada usualmente,[33] *T*-identidade significa que todo objeto que a satisfaz é *único* em sentido intuitivo, podendo sempre (pelo menos em princípio) ser individualizado e "reconhecido" como tal em qualquer situação – chamaremos tais objetos de *indivíduos*.

---

33. Mendelson, *Introduction to Mathematical Logic*.

Observação técnica

A observação precedente, de que indivíduos podem ser "pelo menos em princípio identificados", merece explicação, ainda que ela esteja fora do alcance inicial deste livro. É a seguinte: suponha que estamos operando na teoria de conjuntos ZFC (Zermelo-Fraenkel com o axioma da escolha; ver a seção "Os postulados de ZFC", no Capítulo 5). Nessa teoria, podemos provar que todo conjunto é bem ordenado (aliás, essa proposição é equivalente ao axioma da escolha). Um conjunto é bem ordenado se admite uma ordem total (antissimétrica, transitiva e conectada) relativamente à qual todo subconjunto não vazio possui menor elemento (um elemento do conjunto que é menor que todos os outros elementos relativamente a tal ordem). Em particular, portanto, o conjunto dos números reais ($\mathbb{R}$) admite uma boa ordem (na verdade, uma infinidade delas). Assim, pela definição de boa ordem, todo subconjunto não vazio de $\mathbb{R}$ tem menor elemento. Suponha agora dois subconjuntos disjuntos X e Y de $\mathbb{R}$; dado que são subconjuntos de $\mathbb{R}$, esses conjuntos têm menores elementos relativamente a uma boa ordem. E, o que é fundamental, esses elementos são distintos, pois pertencem a conjuntos disjuntos (sem elementos em comum).[34] Por que esse segundo exemplo é relevante? O motivo é que uma boa ordem de $\mathbb{R}$ não pode ser exprimida por uma fórmula da linguagem de ZF, ou seja, não podemos defini-la por uma fórmula. Do mesmo modo, não podemos definir os menores elementos no sentido de que não há uma fórmula da linguagem que seja satisfeita unicamente por ele, já que necessitaríamos indicar que tal elemento é o menor elemento relativamente a uma boa ordem e não temos como expressá-la.

Esses resultados são conhecidos na teoria dos conjuntos, e o exemplo ilustra o fato de que, em certas circunstâncias, mesmo sem

---

34. É um teorema de ZF que, para todo a e b, tem-se que $a = b$ ou $a \neq b$ (uma das formas do princípio do terceiro excluído) ainda que, muitas vezes, não se possa saber efetivamente qual é o caso.

poder descrever certos objetos, ainda assim podemos supor que são distintos. A teoria da identidade pode, no entanto, ser mais fraca e permitir que objetos que se sabe (por outros meios) serem distintos não possam ser discernidos na teoria. Esse é o caso quando temos unicamente um número finito de predicados em nossa linguagem, como é o caso de Quine visto na seção precedente. Exemplo típico é o dos números complexos i e $-i$, que não podem ser discernidos *no interior* do corpo dos números complexos $C = \langle \mathbb{C}, +, \cdot, 0, 1 \rangle$,[35] ainda que, *de fora* (ou seja, em ZFC, por exemplo), possamos observar que $i \neq -i$ (voltaremos a esse ponto com mais detalhes na seção "Entidades sem identidade", do Capítulo 7).

---

35. Dizemos que i e $-i$ são invariantes pelos automorfismos da estrutura.

5
LÓGICA E ONTOLOGIA

Como se relacionam essas duas grandes áreas da filosofia: lógica e ontologia? Inicialmente, é conveniente delinearmos o que se entende por uma e por outra. Já fizemos isso quanto à segunda, quando partimos da tradicional asserção de que a ontologia é o estudo daquilo que há (ou existe) ou, como se costuma dizer de acordo com uma tradição que remonta a Aristóteles, *o estudo do ser enquanto ser*,[1] e chegamos a analisar outras concepções de ontologia, em especial aquela que se refere ao que se pode denominar como ontologia associada a uma determinada concepção ou teoria. Agora é a vez de falarmos sobre a lógica, pelo menos do que interessa para essas notas, para, depois, vermos de que forma ela se insere na discussão ontológica e como importa para esta discussão.

Lógica e lógicas

A palavra "lógica" tem vários sentidos no uso corrente, aparecendo em diferentes contextos. Por exemplo, em "a lógica do professor é diferente da lógica do aluno", "lógica" indica ponto de

---
1. Conforme dito na Introdução, ver Aristóteles, *Metafísica*, Γ 1003a21.

vista ou concepção acerca da aprendizagem. Também há a expressão "lógica do mercado", que se refere à economia. Além disso, é possível encontrar aparelhos, como geladeiras e televisores, com a denominação *fuzzy logic* (lógica difusa). Deixando de lado esses vários usos da palavra "lógica" e considerando apenas o sentido relacionado à filosofia, para ser mais preciso, deve-se fazer uma distinção entre a disciplina Lógica, com primeira letra maiúscula, e os vários sistemas lógicos que desejamos enfatizar, que podemos chamar de "lógica(s)", com inicial minúscula. De qualquer modo, é interessante que se tenha uma ideia do que é presentemente a área de investigação que se denomina Lógica; para isso, sugerimos a seção 3 da classificação das áreas da matemática presente, de responsabilidade da American Mathematical Society.[2,3] Aqui, para simplificar a exposição e evitar discussões de detalhes, não faremos a distinção entre a disciplina Lógica e o uso da palavra "lógica" para designar um ou outro sistema lógico, pois o contexto explicitará o caso. Assim, doravante, usaremos somente iniciais minúsculas nessa palavra.

Esse ramo da filosofia tem como principal criador ou fundador Aristóteles.[4] Atualmente é reconhecido que, antes de Aristóteles, houve pelo menos duas grandes escolas que foram importantes para o surgimento da lógica. A primeira situa-se na escola de Eleia, tendo como figura principal (no que concerne à lógica) Zenão de Eleia (c. 490-430 a.C.), em cujos famosos paradoxos fez uso de um tipo de argumentação que originou a redução ao absurdo (ver adiante), que foi posteriormente incorporada como uma das formas de inferência características daquela que ficou conhecida como lógica clássica. A segunda fonte é ainda anterior e remonta aos pitagóricos, por volta

---

2. American Mathematical Society, *Mathematics Subject Classification*.
3. Não obstante a referência à Lógica como disciplina matemática, que se deve ao aspecto que adquiriu a partir de meados do século XIX, como veremos adiante, essa disciplina é igualmente parte da filosofia e importa à ciência da computação, à tecnologia e outras áreas do saber atual. Na verdade, podemos dizer que ela permeia todas as áreas do conhecimento humano.
4. Smith, Aristotle's Logic, *Stanford Encyclopedia of Philosophy*.

do século V a.C. A escola pitagórica, que tem em Pitágoras (c. 570- c. 490 a.C.) o seu mestre, era, na verdade, um misto de seita religiosa e ensinamentos de filosofia, matemática e comportamento social. Os pitagóricos obtiveram grandes avanços para a matemática da época, contribuindo bastante, por exemplo, para o estabelecimento do modo de questionamento grego, da procura por provas (demonstrações) para os fatos matemáticos, como exemplifica o famoso teorema de Pitágoras, cujo resultado já era conhecido pelos babilônios.

Para os gregos, o importante não era meramente o resultado em si, mas o estabelecimento de uma forma de procedimento em filosofia – que é bem ilustrada pelo teorema de Pitágoras e que depois se incorporou à lógica e ao raciocínio dedutivo em geral –, a busca por demonstrações. Resumidamente, o teorema de Pitágoras afirma que, no escopo do que chamamos hoje de geometria euclidiana plana, em qualquer triângulo retângulo, o quadrado (da medida) da hipotenusa é igual à soma dos quadrados (das medidas) dos catetos. O teorema não se refere a um triângulo particular, mas a um triângulo retângulo qualquer. A demonstração (estabelecimento rigoroso do fato, que tem conceituação precisa na lógica atual com o desenvolvimento da *teoria da prova*) vale em geral, e não se refere a triângulos particulares. Um alerta: é preciso cuidado com certas afirmações, como tudo em filosofia: falamos em "estabelecimento rigoroso" de um resultado. No entanto, o conceito de rigor muda com o tempo. Muito do que era considerado rigoroso na época de Aristóteles e Euclides não seria aceito como rigoroso hoje em dia.[5]

Essa característica do pensamento grego foi de importância capital em particular para o desenvolvimento da matemática e do pensamento dedutivo: enquanto os demais povos, como os babilônios e egípcios, coligiam seus conhecimentos matemáticos (que, aliás, eram bastante significativos) como coleções de informações, quase como um catálogo de técnicas, os gregos se preocuparam em estabelecer as

---

5. Ver da Costa, *Ensaio sobre os fundamentos da lógica*, p.232, para uma discussão.

origens e as consequências daqueles conhecimentos, deduzindo-os de premissas inicialmente aceitas e buscando tais premissas. Em outras palavras, criando uma teoria dedutiva. Aliás, para Aristóteles, ciência identificava-se com disciplina dedutiva.

Aristóteles e seus seguidores são, sem dúvida, a terceira fonte originária da lógica. A tradição originada por Aristóteles prevaleceu sobre as demais concepções filosóficas acerca da lógica, tendo permanecido praticamente inalterada por cerca de 2 mil anos, a ponto de o grande filósofo Immanuel Kant (1724-1804) chegar a afirmar, no prefácio da segunda edição da sua *Crítica da razão pura*, que não havia necessidade de a lógica ser revista desde Aristóteles, pois parecia ser um campo fechado e completo do conhecimento.

Além de ser considerado por muitos o criador da lógica, chamada hoje de lógica tradicional, e ter originado a lógica denominada como clássica, Aristóteles também pode ser considerado, em certa medida, como o precursor das ideias que conduziram a outras lógicas, como as lógicas polivalentes e as lógicas modais. Resumidamente, lógicas polivalentes são aquelas lógicas nas quais as sentenças podem assumir outros valores de verdade além do verdadeiro e do falso. As lógicas modais, por outro lado, lidam com conceitos como os de necessidade e possibilidade, entre outros.

As chamadas lógicas não clássicas (entre elas as polivalentes e as modais), entretanto, somente se edificaram satisfatoriamente no século XX. Hoje há uma gama variada de lógicas não clássicas bem estabelecidas como lógicas "legítimas". Ainda que esse assunto fuja aos objetivos destas notas, falaremos um pouco sobre as variadas lógicas para afirmar suas relações com a ontologia.

A chamada lógica clássica remonta a Aristóteles. Foi ele quem sistematizou (e certamente desenvolveu) muito do que se conhecia nessa área até então, sendo considerado por muitos, como dissemos, o criador da lógica (outros, como o matemático e filósofo da ciência italiano Federigo Enriques (1871-1946), creem que o verdadeiro criador da lógica teria sido Zenão de Eleia. Enriques sustenta que as grandes ideias em lógica – princípios básicos – nasceram pela influência da geometria grega – sobre a qual falaremos posteriormente). Exceto por incursões mais breves a temas como o dos *futuros contingentes*, que pode ser resumido pela aparente contradição que há em se assumir que uma sentença como "Amanhã haverá uma batalha naval"[6] deva ser verdadeira ou falsa, a lógica aristotélica se concentra em sua teoria do silogismo, uma forma particular de inferência.

A lógica denominada hoje como tradicional é essencialmente aquela contida nos trabalhos de Aristóteles e seus seguidores, via de regra lógicos medievais (mas há ainda lógicos contemporâneos que se interessam pelo tema), a teoria do silogismo categórico. A teoria do silogismo importa para o que vamos discutir adiante, principalmente pela estrutura utilizada nas chamadas proposições categóricas que, como já vimos, são do tipo sujeito-predicado ou, resumidamente, S é P. Assim, as quatro proposições categóricas básicas vistas anteriormente são todas da forma sujeito-predicado, ou seja, estabelecem (ou negam) alguma propriedade, ou característica P a todos ou a alguns sujeitos S. Por exemplo, ao dizermos "todos os homens são mortais"', e isso é verdadeiro, estamos atribuindo o predicado "mortal" ao sujeito "todos os homens". Essas proposições dependem, para sua veracidade, da existência dos indivíduos denotados pelos termos S e P, o que não ocorre na lógica atual, como veremos.

A evolução da lógica tradicional

A lógica aristotélica, considerada por Kant como acabada e completa, sofreu uma transformação brutal no século XIX nas mãos de vários lógicos importantes. George Boole (1815-1864) estabeleceu um vínculo entre a lógica (entendida em seu sentido tradicional aristotélico) e a matemática, cuja possibilidade já havia sido antecipada por Leibniz. Augustus De Morgan (1806-1871),

---

6. *De Interpretatione*, cap.9; ver Smith, Aristotle's Logic, *Stanford Encyclopedia of Philosophy*.

Charles Sanders Peirce, Gottlob Frege, Giuseppe Peano (1858-1932), Bertrand Russell e vários outros, já adentrando no século XX, também contribuíram decisivamente para o desenvolvimento da lógica.[7] Antes disso, Gottfried Leibniz já havia antevisto que a lógica aristotélica (teoria do silogismo), na forma como era conhecida, não era suficiente para dar conta das espécies de inferência que se faz em matemática. Aliás, a lógica de Aristóteles fora simplesmente ignorada pela grande maioria (senão pela totalidade) dos matemáticos, não sendo sequer mencionada, por exemplo, por Euclides (c. 325-c. 265 a.C.), o grande geômetra de Alexandria, autor de *Os elementos*, obra magna de geometria da época e livro texto por mais de 2 mil anos. Nessa obra, Euclides apresenta a geometria dedutivamente (portanto, no sentido aristotélico), fazendo uso essencial de argumentos lógicos. Parece estranho, portanto, que o livro mais importante de matemática escrito na Antiguidade, e um dos mais importantes de toda a história do pensamento matemático, não faça qualquer menção à teoria do silogismo, ou a seu uso explícito.

O motivo, talvez, seja o de que (contrariando a opinião de Aristóteles) a silogística seja apenas um esquema geral, não descendo às particularidades de cada ciência, mas ainda assim ela é deficiente para captar certos tipos de raciocínios simples que são fundamentais em matemática (e em outros domínios). Com efeito, a lógica aristotélica não dá conta de raciocínios simples, como a afirmativa de que, se uma vaca é um animal, então um chifre de vaca é um chifre de um animal, que não se reduz à teoria do silogismo aristotélico. Se escrevemos tal raciocínio como "Toda vaca é

---

7. Os historiadores da lógica divergem quanto a se teria sido Frege ou Boole o "verdadeiro" criador do modelo de lógica que hoje denominamos de *lógica matemática*. Isso se deveria ao fato de que, apesar de as ideias estarem em Frege, seus trabalhos teriam tido pouca ou nenhuma influência nos lógicos posteriores (com a possível exceção de Russell).

um animal, logo todo chifre de vaca é chifre de um animal", podemos simbolizá-lo assim:

Premissa: Todo A é B.
Conclusão: Todo C é D.

Em que A denota "vaca", B denota "animal", C denota "chifre de vaca" e D, "chifre de animal". Quando usamos variáveis (como A, B, C e D), explicitamos a *forma* do raciocínio, e ele deve permanecer válido sempre que substituirmos as variáveis por sujeitos e predicados específicos, o que não ocorre nesse caso. Para ver isso, basta substituirmos as variáveis respectivamente por "morcego", "mamífero", "brasileiro" e "jogador de futebol", para obtermos o raciocínio inválido "Todo morcego é mamífero, logo todo brasileiro é jogador de futebol". Na lógica moderna, simbolizamos validamente o raciocínio anterior assim: $V(x)$ significa que x é uma vaca, $A(x)$ que x é um animal e $C(x, y)$ que x é um chifre de y. Então, temos a derivação lícita:[8]

Premissa: $\forall x(V(x) \to A(x))$
Conclusão: $\forall z((\exists x(V(x) \land C(z,x)) \to \exists x(A(x) \land C(z,x)))$.

Do ponto de vista matemático, a lógica tradicional não passa de uma coleção de trivialidades, carecendo da sofisticação matemática típica. Falta-lhe, sobretudo, uma teoria de relações (o predicado C do argumento anterior); por exemplo, se tomarmos a desigualdade "x é menor ou igual a y", qual é o sujeito e qual é o predicado? Talvez pudéssemos dizer que x é o sujeito e que "ser menor ou igual a y" é o predicado, mas também poderíamos dizer que y satisfaz o predicado "ser maior ou igual a x". Assim, tanto em um como em outro caso, perdemos a força expressiva da relação binária, uma vez que fixamos ora y, ora x, não podendo ter as duas

---

8. Exemplo e discussão bastante similar a essa encontra-se em Simpson, *Linguagem, realidade e significado*, cap.6.

variáveis livres, como é desejável. Isso se complica ainda mais se tomamos relações com mais de dois objetos, como uma simples reflexão pode indicar; com efeito, se temos uma relação ternária R e x, y e z estão relacionados por R, ou seja, $R(x, y, z)$, qual é o sujeito e qual é o predicado?

Ainda na Antiguidade, os filósofos de Mégara e da Estoia haviam dado passos decisivos no estudo de temas hoje considerados como pertinentes ao campo da lógica, constituindo significativo avanço em relação ao que havia feito Aristóteles. A escola estoica em particular teve como fundador Zenão de Cítio (344-262 a.C. – não confundi-lo com Zenão de Eleia), que pode ter sido o primeiro a usar a palavra *lógica* (*logiké téchne*, literalmente, "de raciocinar arte"), mas que teve em Crisipo (c. 279-c. 206 a.C.) um dos seus membros mais prolíficos. Os estoicos chegaram a desenvolver estudos que se equiparam ao que hoje denominamos de cálculo proposicional clássico. Seus trabalhos, no entanto, permaneceram nas sombras até meados do século XX; a tradição aristotélica imperou, como já dissemos.

É costume dizer que a revolução da lógica começa com Leibniz, que reformou a teoria do silogismo e pretendeu elaborar uma *Arte Combinatória* para "decidir" questões filosóficas mediante adequada tradução da argumentação empregada a uma linguagem suficientemente precisa, livre de ambiguidades. Porém, foi com George Boole, em meados do século XIX, que o grande avanço se iniciou. Pouco antes, De Morgan chamou a atenção para uma teoria das relações. Mais tarde, iniciou-se com Frege, em 1879, outro período, que foi ainda mais além daquele que podemos chamar de período booleano.

Frege deu início a uma visão linguística da lógica, em distinção à visão algébrica do período booleano, que foi retomada somente no século XX, principalmente por causa da intervenção de Alfred Tarski. É importante salientar que, de forma independente, Peirce e Frege introduziram os quantificadores, fato essencial para que a lógica se amalgamasse à matemática.

Àquela época, no entanto, não havia ainda a distinção que se faz hoje (e que surgiu explicitamente pela primeira vez em um livro de D. Hilbert e W. Ackermann de 1928,[9] entre lógica de primeira ordem e lógicas de ordem superior; assim, lógica era grande lógica (denomina-se de grande lógica tanto os sistemas de ordem superior como os de teoria dos conjuntos). Há muitos livros bons sobre a história da lógica, um clássico é *O desenvolvimento da lógica*, de Kneale et al.

As lógicas não clássicas

No século XX, como antecipamos, houve uma nova grande revolução no campo da lógica com a criação das lógicas não clássicas. Sem muito rigor, podemos dizer que lógicas não clássicas são aquelas lógicas que ampliam a capacidade expressiva da linguagem (da lógica) clássica, ou modificam as leis básicas dessa lógica de alguma forma. Muitos sistemas fazem ambas as coisas. Segundo uma classificação sugerida pelo filósofo brasileiro Newton da Costa (1929-),[10] podemos dizer que do primeiro grupo fazem parte as lógicas complementares da clássica, como as lógicas modais (que tratam dos conceitos de necessidade, possibilidade, impossibilidade etc.), as deônticas (permitido, proibido, indiferente etc.), as lógicas doxásticas (lógicas que lidam com o operador de crença), as temporais (trabalham a noção de tempo) etc. Ao segundo grupo pertencem as lógicas heterodoxas, as quais são agrupadas geralmente em três grandes áreas, em função dos três mais famosos (mas não únicos!) princípios da lógica clássica: as que violam ou limitam o princípio do terceiro excluído denominam-se *paracompletas*, e entre elas estão a lógica intuicionista e as polivalentes. Entre as que violam ou limitam o princípio da contradição estão as lógicas *paraconsistentes*, e entre as que violam ou limitam o princípio (ou a teoria clássica) da identidade, estão as lógicas *não reflexivas*. Como mencionamos, há sistemas "mistos"; assim, há várias lógicas deônticas

---
9. Hilbert; Ackermann, *Principles of Mathematical Logic*.
10. Da Costa, Foreward, *Journal of Non-Classical Logic*, v.1, n.1, p.i-ix, 1982.

paraconsistentes, por exemplo, que têm encontrado interessantes aplicações em filosofia do direito (conflito entre normas, quando normas jurídicas são usadas de forma conflitante) e em ética (como no caso dos dilemas deônticos; abreviadamente, situações em que dois fatos ou suposições contraditórias parecem ser obrigatórios). Essa classificação não é exaustiva, e há vários sistemas que não se enquadram muito bem nem em uma nem em outra categoria, como a lógica difusa, as lógicas intensionais etc.

A caracterização precisa da lógica *clássica* é vaga. Alguns aceitam um resultado conhecido como teorema de Lindström, o qual afirma não haver sistema lógico mais forte do que o cálculo clássico de predicados de primeira ordem (lógica elementar) que satisfaça o teorema da compacidade e o teorema de Löwenheim-Skolem descendente. Não importa o que sejam esses teoremas no momento, mas achamos essa caracterização por demais restritiva; para nós, esquemas da "grande lógica", como a teoria simples de tipos e a teoria dos conjuntos ZFC, são esquemas *clássicos*, fiéis aos princípios *clássicos*, como o terceiro excluído, a não contradição e a teoria da identidade, e não haveria razão para nos limitarmos à lógica de primeira ordem. Assim, em nossa opinião, Newton da Costa está na direção certa quando diz:

> Falando por alto, podemos chamar uma lógica de clássica se ela é ou o usual cálculo de predicados de primeira ordem (com ou sem igualdade) ou alguma de suas extensões tais como o cálculo de predicados de ordem superior (teoria dos tipos) ou mesmo algum sistema usual de teoria de conjuntos (tais como Zermelo-Fraenkel, von Neumann-Bernays-Gödel, Tarski-Morse-Kelley ou o sistema ML de Quine), conjuntamente com suas variantes não essenciais com respeito ao simbolismo ou à mudança da base axiomática.[11]

---

11. Ibid.

A lógica é *a priori* ou empírica?

Apesar desse desenvolvimento espantoso e das aplicações variadas que os sistemas (lógicas) não clássicos têm alcançado, ainda permanece a discussão filosófica sobre o real *status* desses sistemas. Há quem defenda um caráter apriorístico da lógica, supondo, via de regra, que a lógica deveria ser entendida como sinônimo de lógica clássica (ver adiante). Ainda que o tema seja polêmico, podemos fazer uma tentativa de aproximação, dizendo que uma lógica é empírica se suas regras são estabelecidas sem que se faça apelo a qualquer tipo de experiência e que também não possam ser contestadas pela experiência.

Claro que isso deveria ser discutido com profundidade, por exemplo, precisando-se o significado de termos como "contestadas", "experiência", entre outros. No entanto, tal aproximação nos ajuda a perceber o significado do caráter apriorístico de uma lógica. Cabe então a questão: se uma lógica (não necessariamente a clássica) é *a priori*, se é totalmente desvinculada de qualquer apelo à experiência, como se estabelecem as leis lógicas? Haveria um racionalismo (em sentido tradicional) fortemente assentado na origem das leis lógicas? Por outro lado, se aceitamos o caráter apriorista da lógica, esse apriorismo acarreta necessariamente as leis clássicas? Ou seriam as leis lógicas fruto de nossa interação com o entorno e de nosso modo de proceder racionalmente sobre ele, ou seja, seria ela empírica em algum sentido?

Nesse senão, seguimos novamente Newton da Costa, que aqui meramente resumiremos. Em seu livro *Ensaio sobre os fundamentos da lógica*, recomendado para qualquer discussão sobre a filosofia dessa disciplina, da Costa segue pensadores como Ferdinand Gonseth (1890-1975), Gaston Bachelard (1884-1962) e Federigo Enriques, entre outros, defendendo que as origens da lógica tradicional estão arraigadas nas relações com a geometria euclidiana e (em menor escala) com a aritmética grega. Como diz, "[as] noções de objeto, de propriedade e de relação, da lógica aristotélica e da lógica matemática usual [que aqui estamos chamando de lógica clássica] derivam da visão estática e euclidiana da realidade".[12] Com efeito, a crença de que os objetos geométricos permanecem idênticos a si mesmos é, segundo da Costa, uma das fontes psicológicas e epistemológicas do princípio da identidade. Do mesmo modo, supõe-se que um objeto geométrico não possa ter e não ter uma mesma propriedade, ou que possa ter propriedades contraditórias, ideia que aproxima o princípio da contradição, e assim por diante. Assim, tudo indica que a lógica clássica teve origem em certas categorias conceituais que elaboramos para dar conta do nosso contorno, em parte refletido nos objetos da geometria euclidiana (como acreditavam os antigos); logo, com as noções de objeto físico, das propriedades e relações entre esses objetos. Além disso, como insiste da Costa, a lógica deve dar conta da matemática tradicional (e, consequentemente, das ciências que se alicerçam ou fazem uso dessa matemática). Desse modo, na gênese da formação dessas categorias "clássicas", aparentemente levamos em conta vários aspectos, tais como:

(1) os objetos que nos cercam tendem a permanecer idênticos a si mesmos (note a dificuldade em se discutir esse tópico, como aliás tem atestado toda a nossa tradição filosófica sobre o problema da identidade temporal);[13]
(2) um objeto não pode ter e não ter certa propriedade nas mesmas circunstâncias (como estar e não estar em um lugar em determinado tempo), ou ter e não ter certo formato ou composição;
(3) se considerarmos duas de suas características, como localização e velocidade, elas podem ser medidas (mensuradas)

---
12. Da Costa, *Ensaio sobre os fundamentos da lógica*, p.120.
13. Um excelente livro que discute muito a identidade transtemporal é Quinton, *The Nature of Things*.

com a acuidade desejada (em função das imitações tecnológicas);[14]
(4) um objeto físico (ou geométrico) é dotado de propriedades, que podemos via de regra descrever para qualificá-lo ou enquadrá-lo em determinada categoria de objetos;
(5) dada certa característica que possa ser aplicada a um objeto, ele a tem ou não.

Essa imagem intuitiva dos objetos que nos cercam e do modo como lhes associamos suas características mais imediatas (propriedades e relações com outros objetos) influenciou a formação de nossas primeiras sistematizações racionais, em especial a geometria dos antigos gregos, a física e a própria lógica. Muitos dos princípios básicos da lógica tradicional resultam de suposições como as anteriores. Por meio da depuração e da sistematização de certos sistemas de categorias, chegamos em particular aos sistemas lógicos. Levando em conta princípios como os mencionados anteriormente, edificamos a lógica tradicional, bem como a lógica clássica. Assim, tanto para nós como para da Costa, uma lógica é um sistema de cânones de inferências baseado em um sistema de categorias.

Ou seja, de acordo com o autor,

a lógica aristotélica e a lógica matemática não são mais que generalizações idealizadas de leis que regem os entes geométricos euclidianos; os corpos geométricos são estáticos e imutáveis, dotados de propriedades e mantendo relações entre si, como as substâncias de Aristóteles.[15, 16]

---

14. Como teremos oportunidade de ver em outro capítulo, essa questão traz um problema com o advento da física quântica, pois o "ato de medir" uma propriedade, como a posição de certo fóton, de acordo com a interpretação usual, causa sua destruição; assim, como podemos dizer que o objeto "tem" a propriedade medida se ele já não existe mais?
15. Da Costa, loc. cit.
16. Usualmente se aceita que Heráclito (c. 535-475 a.C.), por exemplo, teria uma concepção distinta dessa que podemos chamar de *aristotélica* (ou talvez, mais

Essa concepção dos objetos geométricos euclidianos se estende em boa medida não somente à lógica, mas também à matemática tradicional e à física clássica. O que se falou anteriormente sobre os objetos geométricos pode igualmente ser dito dos objetos físicos "clássicos". Isso terá importância no Capítulo 6. Ou seja, as leis lógicas dependem muito do quadro conceitual que elaboramos para dar conta do nosso contorno, o que qualifica (*grosso modo*) o que se entende por proceder racionalmente. De fato, continuando a seguir da Costa,

> quando exercemos nossa faculdade cognitiva, utilizamos certas categorias, como as de objeto, propriedade e relação, que são evidentemente sugeridas pela experiência, mas cuja configuração final transcende a própria experiência. Assim, nossas interconexões com pessoas e determinados objetos macroscópicos motivam o estabelecimento da categoria geral de objeto. De fato, na lógica aristotélica, o objeto que ela considera é o objeto macroscópico da vida comum, com suas características estáticas e substancialistas. No entanto, a constituição dessa categoria não foi espontânea e independente da experiência, como a análise da evolução da criança e do funcionamento da mente primitiva parecem comprovar.[17]

Esse ponto de vista parece bem razoável: elaboramos nossas leis racionais a partir de categorias que formamos em função de nossa interação com o mundo que nos cerca (mediante a razão e a experiência) e da capacidade para fazê-lo que temos ou que adquirimos dentro de nossa cultura. Para Kant, essas categorias seriam inatas, *a priori*. No entanto, hoje podemos flexibilizar essa ideia,

---

propriamente, *parmenediana*), aceitando a possibilidade de certos tipos de contradição, ainda que, como se sabe, seja extremamente difícil extrair qualquer conclusão nesse sentido de autores de cujos textos nos restaram apenas poucos fragmentos; ver, no entanto, as análises de Nietzsche e de Heidegger em Heidegger et al., *Os filósofos pré-socráticos*.
17. Da Costa, *Ensaio sobre os fundamentos da lógica*, p.121-2.

uma vez que aceitemos, como parece razoável, que essas categorias mudam com o decurso da história (como sustenta da Costa) e se alteram em função de fatores culturais e (hoje mais do que nunca) com a evolução da ciência. Porém, a força da lógica contemporânea reside em grande parte na possibilidade que oferece de nos fazer depender menos de nossa intuição (que sempre se apresenta de qualquer modo em uma etapa ou em outra). Há inúmeros exemplos na história da matemática de como determinadas "evidências" intuitivas se mostraram equivocadas; não é nosso assunto aqui, mas somente mencionamos o célebre paradoxo de Russell, que surge da hipótese (bastante intuitiva) de que toda propriedade determina um conjunto: o conjunto dos objetos que têm (ou "caem sob") essa propriedade. A lógica moderna e os sistemas dedutivos em geral servem como uma espécie de piloto automático para que possamos "voar" alto, sendo guiados pela espécie de segurança que nos dão os sistemas dedutivos.

Desse modo, tendo em vista a possibilidade de que os sistemas engendrados dependam de algum modo de fatores culturais, pragmáticos, entre outros, não há por que defender a suposição de que lógica seja identificada com a lógica clássica, nem que seja *a priori*. Além disso, mesmo se aceitássemos que a lógica é *a priori*, por que teria de ser a clássica? (E se a tradição heraclitiana tivesse prevalecido sobre a aristotélica?) Há estudos de natureza antropológica que sugerem que certos povos que tiveram pouco contato com a civilização ocidental raciocinariam de acordo com as regras de lógicas distintas da clássica (vários trabalhos com os azande, um povo da região centro-norte da África, sugerem que eles, aparentemente, aceitam situações que, para nós, são nitidamente contraditórias).[18] Não entraremos nessa questão aqui, já que o tema é discutível, mas isso serve para apontar que identificar lógica com

---

18. O leitor interessado pode consultar, por exemplo: Jennings, Zande Logic and Western Logic, *British J. Phil Sci.*, v.40, n.2, p.275-85, 1989; da Costa et al., Is There a Zande Logic?, *History and Philosophy of Logic*, v.19, n.1, p.41-54, 1998; e os trabalhos lá citados.

lógica clássica ou tradicional não é algo imune a discussões. Ademais, tendo em vista que a lógica é, ao que tudo indica, elaborada a partir de sistemas de categorias, que formamos em função de nosso contato com o contorno, dependendo de fatores culturais, entre outros, como poderia ser *a priori*? Certamente, se as nossas circunstâncias evolutivas tivessem sido outras, digamos ao estilo dos azande, quem sabe a lógica que hoje chamamos de clássica não seria distinta da atual, por exemplo uma lógica paraconsistente (lembremos do exemplo dado de Heráclito)?

Ferdinand Gonseth dizia que a lógica estava lado a lado com a ciência empírica, sendo "a física do objeto qualquer",[19] havendo aqueles que defendiam de forma bastante objetiva uma característica empírica da lógica, entre os quais salientamos (para o leitor interessado) os franceses Jean-Louis Destouches (1909-1980) e Paulette Février, e a italiana Maria Luisa Dalla Chiara (1938-). Não falaremos desses autores e seus argumentos aqui, mas talvez essa menção motive a procura por mais detalhes sobre esse tema. Em suma, aceitamos não unicamente o caráter empírico da lógica, mas reconhecemos a influência que ela recebe, ou pode receber, de outras atividades culturais, especialmente da ciência. Aliás, nossa tese é a de que o desenvolvimento ulterior da ciência, sendo a física quântica talvez o seu mais expressivo exemplo, é o impulsionador da revisão das leis da lógica clássica. Mas quais são as suas relações com a ontologia?

Inter-relações entre lógica e ontologia

É um fato importante insistir que não há, em filosofia, uma concepção única sobre o *status* da lógica como disciplina. Em geral, para muitos filósofos, mesmo os atuais, em que pesem os variados sistemas não clássicos e todas as suas aplicações, quando se fala da lógica, subentende-se tudo o que se refere ao sistema que se

---

19. Gonseth, *Les Matématiques et la réalité*.

denomina lógica clássica, ainda que haja certa dificuldade para caracterizá-la de modo preciso, como vimos anteriormente. Para alguns, como Nagel, Carnap e Ayer, a lógica (clássica) é meramente normativa, simplesmente prescrevendo certas regras e leis que usamos para caracterizar as formas válidas de inferência e o pensamento correto. Os sistemas não clássicos seriam, desse ponto de vista, meramente possibilidades teóricas, criações matemáticas puras. Outros, como os filósofos dialeteístas, defendem que a "verdadeira" lógica é uma lógica não clássica, mais precisamente uma lógica paraconsistente, que dá conta do fato (segundo sua crença) de que pelo menos algumas contradições são verdadeiras.[20] Para uns, que via de regra entendem a lógica como a doutrina da inferência válida, a lógica não teria qualquer relação com a descrição do mundo ou com a maneira como o concebemos (e, portanto, com a ontologia). Pode-se, no entanto, defender a tese oposta. Por exemplo, Newton da Costa é um dos que permitem ver a lógica não unicamente como a doutrina da inferência válida (segundo ele, esse é unicamente um de seus múltiplos aspectos), mas como a parte mais geral da ciência, aquela que se ocupa (também) de seus aspectos mais básicos e fundamentais, como as noções de axiomatização, verdade etc. Sob esse aspecto, a lógica não é um puro jogo formal, jogado com certas regras definidas de modo não ambíguo e rigorosamente consideradas, mas possui um componente que a liga indiretamente à ontologia, ainda que não diretamente. Para da Costa, se a lógica for concebida como o produto da atividade do lógico, é independente de qualquer ponto de vista filosófico ou ontológico; por isso, não tem relação direta com a filosofia ou com a ontologia. Porém, como parte fundamental da ciência, não é inteiramente *a priori* (como queriam alguns, como Quine), tendo uma relevância indireta para a filosofia (e para a ontologia).

---

20. Os dialeteístas acreditam que pelo menos algumas contradições são reais. O maior expoente dessa concepção filosófica é o filósofo inglês Graham Priest (1948-); sobre o dialeteísmo, ver Priest, *Doubt Truth to be a Liar*.

Essa visão é interessante e útil para que apresentemos nosso ponto de vista, que é em parte consoante com o argumento de da Costa. Aceitamos que a lógica tem relevância ontológica, mas de que tipo? A resposta pode estar em que tipo de concepção se aceita para as origens das leis lógicas. Pensamos, como argumentamos anteriormente, que a lógica tradicional tem origem em nossa concepção imediata de mundo, do mundo que nos cerca. Acreditamos que, para a maioria das pessoas que partilham conosco o mesmo *background* cultural, este mundo é composto de objetos. Nosso mundo é um mundo de coisas (os *prágmata* dos gregos)[21] que exibem aos nossos sentidos "múltiplos atributos ou propriedades".[22] Trata-se de um mundo composto de objetos, como observa o físico e filósofo italiano Giuliano Toraldo di Francia (1916-2011). Talvez para um cão o mundo seja um mundo de odores, enquanto, para um morcego, um mundo de ondas mecânicas. No entanto, talvez pela função privilegiada que damos aos órgãos da visão e do tato, o nosso mundo é um mundo de coisas, de objetos físicos, como automóveis, pessoas ou edifícios. Porém, podemos tornar essa categoria mais abrangente, permitindo que nela caiba praticamente tudo aquilo com que lidamos em nosso dia a dia, podendo, inclusive, incorporar objetos abstratos, como números, triângulos ou pensamentos. Mesmo assim, o que resulta é que nossa linguagem é uma linguagem objetual; falamos de objetos (nesse sentido amplo), predicamos objetos, relacionamos objetos. Ademais, podemos coligir esses objetos em coleções e, ainda que tardiamente (somente no final do século XIX), aprendemos a lidar com essas coleções por meio das teorias dos conjuntos. Por mais que haja certa vagueza em muitos conceitos que atribuímos a esses objetos, como entre odores, usualmente partimos do princípio de que essas vaguezas (como a definição do que seja uma pessoa alta ou inteligente) se devem à nossa linguagem, e não ao objeto em si. O homem em análise é um ser bem determinado, que podemos identificar (pelo menos em

---

21. Marias, *História da filosofia*, p.26.
22. Ibid.

princípio), falar sobre ele. O predicado "alto" é que seria vago, bem como "inteligente", "velho", e muitos outros. Em outras palavras, tais objetos são indivíduos, no sentido de que podem ser identificados, receber nomes, ser contados, discernidos de outros etc. Este é, aliás, um dos postulados mais básicos que assumimos para a eficácia de nosso discurso. Essa noção de objeto como indivíduo subjaz às nossas teorias e concepções sobre o mundo ou às suposições que suportam essas concepções que, com a ajuda da matemática e da lógica, procuram afastar tanto quanto possível a vagueza dos conceitos. Com efeito, a noção de objeto individualizável está presente na física clássica, na matemática tradicional e na lógica clássica, bem como na maioria dos sistemas não clássicos, como um dispositivo útil para nos auxiliar a formar um quadro da realidade, ou pelo menos de uma parte dela. Se aceitarmos essa hipótese de que a lógica pode nos auxiliar a formar um quadro do nosso contorno, e se pensarmos na lógica clássica, o que encontramos? Isso tem implicações ontológicas importantes, como veremos. Cabe antes um alerta: em geral, para formarmos um tal "quadro do contorno" (uma teoria científica, por exemplo), necessitamos de algum sistema da grande lógica, mas nossas considerações aqui dirão respeito unicamente à lógica elementar – ou de primeira ordem, por simplicidade. Porém, as colocações a seguir podem ser adaptadas para as lógicas de ordem superior e para as teorias dos conjuntos mais usuais com relativa facilidade.

Existência e quantificação

Pensemos na palavra "existir", de suma importância para a ontologia em seu sentido tradicional. Seria *existir* um predicado, da mesma forma que *ser vermelho* ou *morar em Paris*? Ou seja, se digo que "Pedro existe", estou atribuindo alguma característica (ou propriedade) a Pedro? Se usarmos a linguagem do cálculo de predicados de primeira ordem, com p denotando Pedro e E denotando o predicado "existe",[23] podemos escrever "Pedro existe" como $E(p)$. Essa foi, ainda que não nesses termos, a posição adotada por Santo Anselmo (1033-1109) em seu célebre argumento sobre a existência de Deus. Com efeito, Santo Anselmo apresentou em sua obra *Proslogion* (1078) um argumento célebre em sua prova ontológica, como a chamou Kant, da existência de Deus.[24] Em resumo, define Deus como "aquele que é tal que nada de maior [no sentido de mais perfeito] pode ser pensado". Para Santo Anselmo, uma vez que tenhamos compreendido essa definição de Deus, somos levados necessariamente a aceitar sua existência. O texto a seguir, que explica sua posição, foi extraído do verbete sobre ele na *Stanford Encyclopedia of Philosophy*:

> qualquer coisa que seja compreendida existe no entendimento, assim como o plano de uma pintura já existe no entendimento do pintor. De modo que aquilo de que nada maior pode ser pensado existe no entendimento. Mas, se existe no entendimento, deve também existir na realidade. Porque é maior existir na realidade do que no entendimento. Consequentemente, se aquilo do que nada maior pode ser pensado existe unicamente no entendimento, seria possível pensar em algo maior do que isto (a saber, esse mesmo ser existente também na realidade). Segue-se, então, que se aquele do que em nada maior pode ser pensado existisse somente no entendimento, ele não seria aquilo que nada maior pode ser; e isto, obviamente, é uma contradição. De modo que aquilo que nada maior pode ser pensado deve existir na realidade, e não meramente no entendimento.

Ou seja, Santo Anselmo raciocina de um modo que é bastante similar à redução ao absurdo. Para mostrar que Deus é a criatura

---

23. Recorde que, na linguagem quantificacional usual, constantes individuais (que podem funcionar como nomes de objetos) são denotadas por letras latinas minúsculas, e predicados (propriedades e relações), por letras latinas maiúsculas.
24. Marias, *História da filosofia*, p.156 ss.

mais perfeita, assume por hipótese que não existe tal criatura mais perfeita (que não tenha em especial o predicado da existência).

Então, ele mostra (segundo pensa ele) que, nesse caso, seria possível conceber uma criatura ainda mais perfeita que teria esse predicado e, por ser mais perfeita, teria mais qualidades, contrariando a hipótese de que Deus é a criatura à qual se pode atribuir mais qualidades. Assim, a negativa da existência de Deus tem que ser falsa, e, consequentemente, Deus existe.

Podemos dizer que, nessa "prova",[25] Santo Anselmo assume que a existência é um predicado. Deus teria todas as propriedades (expressas por predicados da linguagem em uso), e em particular a da existência. Na tradição aristotélica, recordemos, a conotação da existência era dada em termos da cópula *é*, muitas vezes tratada como identidade. A bem da verdade, essa visão da existência como um predicado começa a mudar já com Kant, que diz que a afirmação de que existem vacas brancas nada acrescenta ao nosso conhecimento sobre vacas brancas. Kant, no entanto, não dá o passo essencial realizado pela lógica moderna, ou seja, não relaciona a existência aos quantificadores. O filósofo de Königsberg, como os antigos, aceitava que as sentenças da forma sujeito-predicado têm conotação existencial quando são verdadeiras; por exemplo, "Sócrates é homem" sendo verdadeira implica que Sócrates existe. Como já sabemos, essa concepção traz problemas quando usamos sentenças como "Unicórnios são cavalos de um tipo especial".

No entanto, a existência ainda é considerada em termos da cópula *é*. Assim, "*A* é um *B*", se verdadeira, implica que *A* existe, mas a existência, para Kant, não é um predicado, mas unicamente algo implicado pela cópula. Desse modo, "existe", bem como "ser", não são predicados reais, no sentido de que não determinam coisas; "existe" não é como "branca", pois não adiciona nada ao sujeito.

---

25. O argumento foi aqui muito simplificado. Ele tem sido muito discutido na história da filosofia e foi reformulado por vários filósofos célebres. Ver Marias, *História da filosofia*, p.156 ss.

Na lógica atual, a existência deixa de ser um predicado para ser descrita em termos dos quantificadores. Isso já é assim com o filósofo austríaco Franz Brentano (1838-1917), quem segundo alguns, foi o primeiro a constatar que afirmações existenciais têm relação com os quantificadores. Por exemplo, dizer que existe uma laranja equivale a dizer que alguma coisa é uma laranja, e não que a laranja tenha a propriedade *existir*.

Da mesma forma, dizer que algum homem é viciado equivale a afirmar que existe alguma coisa que é um homem e que tal coisa é um viciado. Frege muda essa concepção antiga no início da lógica moderna, que se acentua na teoria das descrições de Russell, na qual, como vimos, a existência deixa de ser um predicado (bem como a não existência), e isso é assim também na lógica clássica. Aliás, Russell criticou a prova de Santo Anselmo com base em sua teoria das descrições. Segundo Russell, a sua teoria mostra que a existência não é uma propriedade, aparecendo unicamente como parte da estrutura quantificacional da lógica clássica. Quando dizemos "Políticos existem", queremos, na verdade, dizer "Existe um x que é uma pessoa, exercendo cargo público, e que, em geral, não tem boa reputação" (ou algo parecido), ou seja, $\exists x(P(x) \wedge \neg R(x))$. Da mesma forma, dizer que Deus existe é dizer que "Existe um x tal que x é benevolente, onisciente, misericordioso etc.". Assim, "Existe um x tal que..." não denota uma propriedade, mas unicamente afirma que alguma coisa tem essas ou aquelas propriedades. Como se faz esse tipo de afirmação na linguagem da lógica clássica?

Na lógica clássica de primeira ordem, os postulados que regem os quantificadores são os seguintes:

(Generalização Existencial – GE) $A(t) \rightarrow \exists x A(x)$; informalmente, se algo A "vale" para o objeto designado por t, sendo t um termo livre para x em $A(x)$, então existe pelo menos um objeto que satisfaz A.

(Instanciação Universal – IU) $\forall x A(x) \rightarrow A(t)$, sendo também t um termo livre para x em $A(x)$, e duas regras:

(Regra 1) de $A \to B(x)$, inferir $A \to \forall x B(x)$, desde que A não contenha ocorrências livres de x; e

(Regra 2) de $B(x) \to A$, inferir $\exists x B(x) \to A$, com as mesmas restrições anteriores.

Para vermos como esses postulados agem, é conveniente que avancemos algumas considerações sobre a semântica da lógica clássica de primeira ordem (como já dissemos, podemos adaptar essa discussão para lógicas de ordem superior).
A semântica da lógica clássica de primeira ordem tem as características seguintes, entre outras. Se temos uma sentença com um nome, como "Sócrates" em "Sócrates é humano", que, em nossa linguagem de primeira ordem, podemos representar por $H(s)$, sendo H um predicado unário e s uma constante individual, podemos substituir o nome (a constante) por uma variável, digamos x, obtendo "x é humano", ou seja, $H(x)$ e então ligar a variável por meio do emprego de um quantificador, como em $\exists x$ (x é humano), ou seja, obter $\exists x H(x)$. Assim, em $\exists x$ (x é humano), se a sentença é verdadeira, nos comprometemos com a existência de pelo menos um humano. Isso se deve ao princípio de generalização existencial (GE), que, nesse caso, fica $H(s) \to \exists x H(x)$. Em palavras, se Sócrates é humano, ou seja, se temos $H(s)$ então, por Modus Ponens,[26] concluímos que existe um x tal que x é humano, ou seja, $\exists x H(x)$. Mais especificamente, temos a seguinte derivação:

1. $H(s) \to \exists x H(x)$ premissa
2. $H(s)$ premissa
3. $\exists x H(x)$, de 1 e 2 por Modus Ponens.

---

26. Modus Ponens (ou Modus Ponendo Ponens) é uma regra de inferência aceita pela lógica clássica que diz que de duas premissas, uma α e outra da forma $\alpha \to \beta$, podemos inferir β.

Desses postulados, seguem todas as demais propriedades "clássicas" dos quantificadores. Especialmente, como vimos, em um enunciado da forma "Existe um x que é um F", o quantificador existencial afirma do predicado F que ele é verdadeiro para pelo menos um indivíduo x (do domínio da interpretação). Resumindo, semanticamente, $\exists x F(x)$ é verdadeiro para dada interpretação se, na extensão de F (que é um conjunto, subconjunto do domínio), existir ao menos um indivíduo. Da mesma forma, $\forall x F(x)$ é verdadeiro (para uma dada interpretação) se todo indivíduo do domínio estiver na extensão de F (ver Figura 5.1).

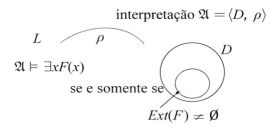

Figura 5.1 – Esquema simplificado da semântica tarskiana

A Figura 5.1 ilustra a situação em que temos uma linguagem L, na qual formulamos $\exists x F(x)$, sendo F um predicado unário e x uma variável individual. Então $\exists x F(x)$ é verdadeira para uma dada interpretação $\mathfrak{A}$ com domínio não vazio D se e somente se a extensão de F (o subconjunto do domínio que a interpretação associa a F) contiver pelo menos um elemento.

Dessa forma, por tratarem de predicados e não de indivíduos, os quantificadores podem ser vistos como *predicados de segunda ordem* (essa era a visão de Frege). Com essa interpretação, o argumento ontológico não pode ser derivado, uma vez que a existência não se aplicaria aos indivíduos.

Da mesma forma, se afirmamos que "Todos os dragões voam", não nos comprometemos com a existência de dragões, pois, em uma adequada linguagem de primeira ordem, isso se traduz em algo como $\exists x (D(x) \to V(x))$, que é verdadeira mesmo se não há dragões (o antecedente do condicional torna-se falso nesse caso). Lembremos mais uma vez que, na lógica aristotélica (teoria do silogismo), isso não pode acontecer, pois todos os termos têm que denotar. Em outras palavras, no escopo da semântica usual da lógica clássica atual, dizer que existe um indivíduo x que tem certa propriedade significa dizer que existe um conjunto não vazio de indivíduos ao qual o referido indivíduo pertence. A relação semântica com a teoria de conjuntos salta à vista. Com efeito, o que chamamos de semântica clássica para a lógica de primeira ordem é realizada (via de regra) em uma teoria dos conjuntos como Zermelo-Fraenkel (ZFC).[27]

Uma interpretação para uma linguagem de primeira ordem L é uma estrutura $\mathfrak{A} = \langle D, \rho \rangle$, em que D é um conjunto não vazio, o *universo do discurso* (ou simplesmente domínio da interpretação), e ρ é uma função (a função denotação) que associa aos símbolos não lógicos de L elementos relacionados a D (elementos de D às constantes individuais, subconjuntos de D aos predicados unários, subconjuntos de $D \times D$ aos predicados binários, funções de D em D aos símbolos funcionais unários, funções de $D \times D$ em D aos símbolos funcionais binários etc.). Assim, se ser é ser o valor de uma variável, podemos perguntar na sequência: o que pode ser valor de uma variável? Segundo Quine, como já sabemos, a resposta pode ser colocada em uma só palavra: *indivíduos*, se entendermos por indivíduos aquelas entidades que satisfazem a teoria usual da identidade da lógica e da matemática clássicas (ou seja, qualquer coisa que possa "ter identidade"). Esse ponto, porém, pode ser contestado. A lógica clássica tem também uma semântica construtiva no sentido dado, por exemplo, por Paul Lorenzen.[28] Assim, mesmo adotando

---

27. ZFC origina-se de um aprimoramento da primeira formulação axiomática da teoria dos conjuntos, proposta por Ernst Zermelo em 1908. É a teoria da qual se faz mais referências em textos filosóficos. Adiante, veremos um núcleo mínimo dessa teoria. Para mais detalhes, ver Krause, *Introdução aos fundamentos axiomáticos da ciência*.
28. Agradeço a Newton da Costa por essa observação – pode-se ver o livro de Lorenzen, *A Constructive Introduction to Classical Analysis*.

a lógica clássica, não podemos nos assegurar *a priori* de que os objetos do domínio de investigação obedecerão aos ditames dessa lógica. A ontologia acha-se subdeterminada pela lógica, ou seja, uma dada lógica não determina uma particular ontologia mas, a rigor, várias delas (potencialmente, uma infinidade). Voltaremos a isso depois.

Isso significa que aquilo que pode ser valor de uma variável não depende unicamente da lógica considerada, mas da metamatemática que usamos para exprimir, ou descrever, essas entidades (veremos isso mais à frente). O mais surpreendente é que, sem mudar a lógica, mas unicamente mudando a metamatemática, podemos nos comprometer ontologicamente com entidades distintas dos indivíduos usuais, e isso tem uma particular importância em física, como veremos.

Existências

Como vimos, os sistemas de categorias baseados em suposições como as mencionadas anteriormente (a noção de objeto que se assemelha aos objetos do nosso dia a dia, as primeiras formulações informais das leis da identidade, da contradição etc.) aparentemente nortearam a elaboração das regras clássicas básicas e estão na gênese da lógica tradicional. Porém, a partir do início do século XX, o surgimento das lógicas alternativas à clássica trouxe a possibilidade de modificações dessas exigências, permitindo que fossem elaborados sistemas em que um ou vários desses princípios deixassem de vigorar. (Por motivos que tornaremos claros à frente, não diremos que os mencionados princípios foram derrogados.)

Sempre houve especulações sobre como divergir da lógica clássica em algum sentido. Por exemplo, por volta de 1910 e 1911, o filósofo polonês Jean Łukasiewicz e o lógico russo Nicolai Vasiliev, de forma independente, sugeriram a possibilidade de se erigir uma lógica "não aristotélica", na qual o princípio da contradição, considerado por Aristóteles como "o mais seguro de todos os princípios", pudesse ser violado.[29] Em 1936, o filósofo americano Oliver Reiser mencionou a possibilidade de uma lógica "não aristotélica" na qual o princípio da identidade fosse violado.[30] O assunto é interessante e mereceria um texto à parte. No capítulo seguinte, mencionaremos unicamente algumas das motivações provenientes do desenvolvimento da física, em especial da mecânica quântica. Como desejamos nos referir a questões ontológicas associadas não só à lógica (seja ela qual for), mas a teorias científicas em geral, é conveniente que vejamos por ora de que forma a lógica e a ciência se interconectam, ao menos no que diz respeito à axiomatização das teorias científicas, supondo, com efeito, que isso seja possível. Assim, deixaremos de lado aqueles domínios, se algum houver, para os quais o procedimento axiomático deixe de fazer sentido.[31]

Como já tivemos oportunidade de mencionar, o método axiomático originou-se na Grécia antiga, sendo *Os elementos*, de Euclides, o livro histórico mais célebre nessa tradição. De maneira bastante geral, podemos dizer que uma teoria científica suficientemente amadurecida e que se deseja axiomatizar "desde o zero"[32]

---

29. Para detalhes e referências, indicamos da Costa et al., Paraconsistent Logics and Paraconsistency, in: Jacquette (Ed.), Philosophy of Logic, *Handbook of the Philosophy of Science*, v.5, p.655-781, 2007.
30. Reiser, Modern Science and Non-Aristotelian Logic, *The Monist*, v.46, n.2, p.299-317, 1936.
31. Várias "teorias" (se é que podem ser assim designadas) da física presente não foram devidamente axiomatizadas, e em outros campos, como nas ciências humanas, o método axiomático é usado com restrições. No entanto, não precisamos associar a palavra "teoria" com *teoria axiomatizada*, o que parece óbvio, mas, nessas situações, qualquer discussão acerca de ontologia torna-se imprecisa e questionável. Se com teorias axiomatizadas, possuindo semântica sensata, a discussão ontológica já é difícil, o leitor pode imaginar o que se passa com campos que estão fora desse padrão.
32. Há diversas maneiras de se fazer isso; podemos, como usualmente se faz, pressupor a lógica e a teoria dos conjuntos, dando atenção unicamente à parte específica, ou podemos explicitar toda a parte que subjaz à teoria, que é o caso que estamos considerando. Para uma discussão dessas possibilidades, ver Krause et al., Axiomatization and Models of Scientific Theories, *Foundations of Science*, v.16, n.4, p.363-82, 2011.

pode ser disposta formalmente (pelo menos em princípio, isso sempre é possível – porém, veja mais à frente) nos seguintes níveis de postulados:

(i) lógicos;
(ii) matemáticos;
(iii) específicos.

Via de regra, pressupomos alguma base matemática implicitamente, de sorte que os postulados dos níveis (i) e (ii) podem não figurar explicitamente (como dito na nota de rodapé anterior). Com efeito, quando se apresenta, por exemplo, a teoria de grupos, geralmente trabalha-se "dentro" de uma teoria dos conjuntos, como ZF, de forma que unicamente os postulados específicos de grupo são apresentados, pois ZF já envolve os postulados (i) e (ii). Assim, um grupo, por exemplo, dito resumidamente, é um conjunto não vazio G dotado de uma operação binária $\star$ tal que:

(a) para todos x, y, z de G, tem-se que
$x \star (y \star z) = (x \star y) \star z$ (a operação $\star$ é associativa);
(b) existe um elemento $e \in G$ tal que, para todo $x \in G$, tem-se que
$x \star e = e \star x = x$ (a operação $\star$ admite elemento neutro);
(c) para todo $x \in G$, existe um elemento $y \in G$ tal que
$x \star y = y \star x = e$ (cada elemento de G admite um inverso relativamente a $\star$ que ainda pertence a G).

O papel da teoria dos conjuntos (e da lógica) subjacente se faz evidente quanto notamos que, para formular esses postulados, necessitamos do conceito de conjunto, do de operação binária (que é uma função de $G \times G$ em G) etc. Ademais, provamos fatos sobre grupos, o que nos faz necessitar de uma lógica subjacente. Assim, mesmo que somente os postulados de grupo sejam mencionados (postulados do grupo (iii)), estão implícitos os de uma teoria dos conjuntos (grupo (ii)) e os de uma lógica (grupo (i)), ou de algo que faça esse papel. O que se passa com grupos acontece, pelo menos em princípio, com qualquer teoria axiomatizada, seja da matemática, da física, da biologia, ou de qualquer outro campo do saber.

Não perderemos generalidade se supusermos que os postulados lógicos são os da lógica clássica de primeira ordem com identidade (igualdade), e que os postulados matemáticos são os da teoria Zermelo-Fraenkel com o axioma da escolha (ver a seguir). Claro que há variações; poderíamos substituir, para algumas teorias, os itens (i) e (ii) por uma adequada lógica de ordem superior, ou pela teoria de categorias, ou então ZFC por uma outra teoria dos conjuntos que fosse conveniente, como a teoria de Morse, que, em certo sentido preciso, não tem nem lógica subjacente. No entanto, o esquema anterior é geral e serve para os nossos propósitos.

Há aqui um ponto sutil que o leitor mais especializado certamente entenderá. Os *modelos* das teorias que usualmente consideramos, como a teoria de grupos, via de regra são conjuntos em alguma teoria dos conjuntos como ZF (um grupo é, antes de tudo, um conjunto). Se também os axiomas (i) e (ii) tiverem de ser verdadeiros em tal estrutura (no sentido de Tarski), terão de ser verdadeiros os axiomas de ZF, e isso implicaria que o referido modelo teria de modelar ZF, o que contraria o segundo teorema de incompletude de Gödel (supondo ZF consistente). O leitor certamente já associou o que se disse com a discussão anterior sobre universos em teoria dos conjuntos.

Os postulados de ZFC

Uma lógica, vista como uma teoria, contém unicamente os postulados (i). Uma teoria dos conjuntos, como Zermelo-Fraenkel (ZF),[33] que aqui assumiremos sempre com o axioma da escolha, o

---

33. Ernst Friedrich Ferdinand Zermelo apresentou, em 1908, a primeira teoria axiomática dos conjuntos.

que nos fará denotá-la por ZFC, tem os postulados dos níveis (i) como sendo os postulados da lógica clássica de primeira ordem com igualdade, e os postulados (ii) são os que vêm a seguir (há variações na formulação dessa teoria). Um núcleo mínimo de postulados de ZFC é o seguinte:

Axioma da extensionalidade: dois conjuntos que tenham os mesmos elementos são iguais. A recíproca segue-se da lógica subjacente.

Axioma do par: dados dois conjuntos quaisquer, existe um conjunto que tem esses conjuntos como elementos e somente eles. Se os dois objetos forem idênticos, temos o conjunto unitário do elemento dado.

Axioma (esquema) da separação: se $A(x)$ é uma fórmula na qual a variável x figura livre e se z é um conjunto qualquer, então existe um conjunto y (y é uma variável distinta de x) formado pelos elementos de z que verificam $A(x)$. Escreve-se tal conjunto assim: $y = \{x \in z : A(x)\}$.

Axioma da união: dado um conjunto qualquer, existe um conjunto tal que um certo objeto a ele pertence se e somente se for elemento de algum conjunto que pertença ao conjunto dado.

Axioma do conjunto potência: dado um conjunto qualquer, existe um conjunto cujos elementos são os subconjuntos do conjunto dado.

Axioma do infinito: existe um conjunto que contém o conjunto vazio como elemento e contém a união de qualquer elemento com o conjunto unitário desse elemento.

Axioma da regularidade: dado um conjunto qualquer, esse conjunto contém um elemento que não tem elemento em comum com o conjunto dado. Esse axioma impede, por exemplo, que um conjunto possa ser elemento dele mesmo, e foi introduzido por John von Neumann.

Axioma (esquema) da substituição: alguns estudiosos chamam a teoria que acabamos de citar de *teoria Z* (de Zermelo) – muitas vezes sem o axioma da regularidade –, deixando a notação ZF denotar a teoria obtida quando se acrescenta a Z um esquema de axiomas, o axioma da substituição (AS). Nesse caso, o esquema da separação pode ser dispensado, pois é consequência de AS (e dos demais axiomas).[34, 35]

Um modo de enunciar informalmente o (esquema) axioma da substituição é dizer que a imagem de um conjunto por uma função é ainda um conjunto. Mais tecnicamente, dada uma "condição funcional" na variável x, ou seja, uma fórmula $F(x, y)$ com duas variáveis livres tal que para todo x de um conjunto A haja um único y, então, a coleção de todos esses y formam um conjunto. Esse axioma desempenha papel relevante nas partes mais avançadas da teoria dos conjuntos.

Axioma da escolha: o mais controverso de todos os postulados de ZFC é, sem dúvida, o axioma da escolha, do qual já falamos na seção " O ε de Hilbert" do Capítulo 3. Há uma enorme quantidade de proposições que lhe são equivalentes, mas nos concentraremos em uma delas apenas, a que diz que, dado um conjunto não vazio cujos elementos sejam também conjuntos não vazios e dois a dois disjuntos (sem elementos em comum), então existe um conjunto formado por um elemento de cada um desses subconjuntos. Intuitivamente, isso é bastante razoável: suponha que temos uma escola constituída de trinta salas com alunos (nenhuma delas está vazia) e podemos então formar um grupo constituído de um aluno de cada sala. No caso finito, ou seja, quando há um número finito de subconjuntos no conjunto dado, pode-se demonstrar, a partir dos demais axiomas de ZF (sem o axioma

---

34. Krause, *Introdução aos fundamentos axiomáticos da ciência*, p.128.
35. Pode-se mostrar ainda que os axiomas da potência e da substituição implicam o axioma do par, de modo que podemos ficar com ZFC contendo os axiomas específicos de extensionalidade, união, potência, infinito, substituição, escolha e (se quisermos) regularidade. Bourbaki simplificou ainda mais a apresentação, condensando os axiomas da união (e separação) e substituição por um *esquema da seleção e da união*, mas Bourbaki não assumia o axioma da escolha (Bourbaki, *Theory of Sets*, p.69).

da escolha), que o enunciado anterior é um teorema de ZF. O problema está no caso em que há infinitos subconjuntos. Nesse caso, como foi demonstrado por Gödel e Cohen, o enunciado anterior não pode ser demonstrado ou refutado em ZF, suposta ser uma teoria consistente. O axioma da escolha é *independente* dos demais axiomas de ZF (supostos consistentes).

O interessante é que, por meio desse axioma, podemos provar a existência de determinados conjuntos sem que precisemos exibi-los explicitamente. Um exemplo célebre é o do "paradoxo" de Banach--Tarski, que veio a lume em 1924. Trata-se apenas de um resultado contraintuitivo, e não de um paradoxo *stricto sensu*. Em linhas gerais, diz que podemos decompor a superfície de uma esfera de forma a recombinar as partes obtidas (importante: sem deformá-las) e obter duas esferas de mesmo tamanho que a original. O truque está no fato de que a demonstração se vale do axioma da escolha, e não se pode exibir (de alguma forma construtiva) qual seria a tal decomposição; uma vez que aceitemos o axioma, tal decomposição "existe", mas não sabemos o que ela é. Em outras palavras, o axioma nos garante que existem certas entidades que, no entanto, são inacessíveis.

O axioma da escolha, apesar de implicar resultados estranhos como o mencionado, é essencial na chamada matemática clássica. Há, no entanto, o que Cohen chamou de *matemáticas não cantorianas*, que postulam alguma forma de negação desse axioma, as quais têm propriedades distintas da matemática usual. Esse assunto, no entanto, extrapola o interesse deste livro, mas deveria ser investigado pelo interessado em questões ontológicas, pois pode levar a novas hipóteses e conceitos.

O universo conjuntista: os axiomas anteriormente mencionados são modelados por um *universo de conjuntos* (ver Figura 5.2). Percebe-se que os axiomas (não todos, como o da extensionalidade) tratam da existência de certos conjuntos. São precisamente esses conjuntos que são aqueles "garantidos" pelos postulados, ou que deles resultam, que podemos aceitar como pertencentes à ontologia básica da teoria ZFC. Um exemplo de um conjunto não dado diretamente pelos postulados, mas deles resultante, é o conjunto unitário de um conjunto qualquer. Com efeito, resulta do axioma do par que, dados dois conjuntos x e y, existe um conjunto z que contém x e y como elementos e nada mais (escreve-se $z = \{x, y\}$). Porém, se $x = y$, esse conjunto conterá unicamente um elemento, digamos x, e é dito ser o unitário de x (escreve-se $z = \{x\}$). Outro conjunto não postulado explicitamente, mas que se pode provar existir (e ser único), é o conjunto vazio, que não tem elementos (basta aplicar o axioma da separação a um conjunto qualquer z, sendo $A(x)$ a fórmula $x \neq x$).

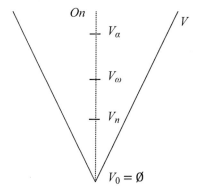

Figura 5.2 – O universo da teoria de conjuntos sem átomos. On é a classe dos ordinais

ZFC e o "conjunto" universal

Intuitivamente, um conjunto "é uma coleção de objetos distintos de nossa intuição ou pensamento", dizia Georg Cantor, o criador da teoria dos conjuntos, mas há coleções que não podem ser aceitas como "legítimas" pelos postulados de ZFC (supostos consistentes). Um exemplo é o do conjunto de todos os conjuntos, ou conjunto universal. Utilizando a metalinguagem, podemos definir esse conjunto como sendo a coleção de todos os objetos que são idênticos a eles mesmos, ou seja, $U = \{x : x = x\}$.[36] Intuitivamente, como $x = x$ é uma lei lógica (um teorema da lógica de primeira ordem, independentemente do que seja x), U contém como elementos todos os objetos (conjuntos). Vamos provar, baseados nos axiomas de ZFC, que não pode haver tal conjunto, desde que assumamos que ZFC é consistente (se ZFC for inconsistente, poderemos derivar em seu interior qualquer proposição-fórmula de sua linguagem, em particular a de que existe um conjunto universal).

Seja então z um conjunto qualquer, e seja y um conjunto definido pela fórmula $A(x) \leftrightarrow (x \in z \to (x \notin x))$ (que é uma fórmula da linguagem de primeira ordem que fundamenta a teoria ZFC), ou seja, na linguagem usual, $y = \{x \in z : x \notin x\}$. Esse conjunto "existe" por força do axioma da separação, pois é formado "separando-se" entre os elementos de z aqueles que não pertencem a si mesmos (eventualmente, pode resultar no conjunto vazio). Pelo princípio do terceiro excluído, que faz parte da lógica subjacente a ZFC, temos que $y \in y$ ou $y \notin y$. Mas, pela definição de y, temos que $y \in y \leftrightarrow y \in z \wedge y \notin y$. Se $y \in z$, então $y \in y \leftrightarrow y \notin y$, de onde facilmente se deriva uma contradição $y \in y \wedge y \notin y$. Portanto, $y \notin z$. Ou seja, dado um conjunto qualquer z, existe sempre um conjunto (como y acima) que não pertence a ele. Logo, supondo ZFC consistente, não há conjunto que contenha todos os conjuntos (um conjunto *universal*) – repare, ademais, que não necessitamos do axioma da escolha para essa prova, logo o resultado vale para ZF.

Vê-se assim, por meio desses exemplos, como se dá a "existência" de conjuntos. Temos uma noção intuitiva de conjunto, conforme a "definição" de Cantor vista anteriormente, mas já sabemos que, se deixarmos nossa intuição viajar demasiadamente, poderemos ter problemas, pois podemos ser levados a imaginar o conjunto universal. Com efeito, o que é ou deixa de ser um con-

---

36. Repare a diferença para com o modo como escrevemos o conjunto y quando vimos o esquema da separação; aqui, os objetos x não são tomados de nenhum z dado antes pelos axiomas da teoria. Essa é essencialmente a razão pela qual a existência de U conduz a contradições.

junto depende da teoria considerada. Em ZFC, há coleções que são conjuntos (de ZFC), e há outras coleções que não são conjuntos de ZFC, o que não impede que sejam conjuntos de *outras* teorias (por exemplo, na teoria NF de Quine, existe conjunto universal). Esse é o caso do célebre conjunto de Russell, do qual falaremos a seguir.

O "conjunto" de Russell

Entre os princípios básicos da lógica clássica, já sabemos que figura o princípio da contradição, ou da não contradição, como preferem alguns. Como vimos, esse princípio pode ser formulado de vários modos não equivalentes. Em um deles, diz-se que, entre duas proposições contraditórias, isto é, tais que uma delas seja a negação da outra, uma delas deve ser falsa.

Por exemplo, dado um certo número natural n, então, entre as duas proposições "o número n é par" e "o número n não é par", uma delas deve ser falsa. Em outros termos, proposições contraditórias não podem ser verdadeiras simultaneamente; assim, uma contradição, ou seja, uma proposição que é a conjunção de duas proposições contraditórias, como "o número n é par e o número n não é par", não pode ser verdadeira. Há, no entanto, outro motivo para se tentar evitar proposições contraditórias e contradições. Tecnicamente, em um sistema dedutivo baseado na lógica clássica, ou mesmo na maioria dos sistemas lógicos conhecidos, como a lógica intuicionista, se há dois teoremas contraditórios (ou se for derivada uma contradição), então todas as expressões bem formadas de sua linguagem (ditas "fórmulas" da linguagem) podem ser demonstradas (esse fato é conhecido como regra de Scotus, ou regra da explosão, e pode ser escrita simbolicamente assim: $A \wedge \neg A \to B$, para A e B fórmulas quaisquer) – na forma de regra, escreveríamos $A, \neg A \vdash B$. Em resumo, em tal sistema, prova-se "tudo" (corretamente escrito na linguagem do sistema, de acordo com suas regras gramaticais). Um sistema desse tipo é chamado de *trivial*. Dito de modo não muito rigoroso, uma lógica é paraconsistente se pode fundamentar sistemas dedutivos inconsistentes (ou seja, que admitam teses, e em particular uma contradição), mas que não sejam triviais.

Com base em tal lógica (há uma infinidade de sistemas paraconsistentes), pode-se edificar uma teoria dos conjuntos contendo, por exemplo, o chamado *conjunto de Russell*, o conjunto de todos os conjuntos que não pertencem a si mesmos, que pode ser escrito assim:

$$R = \{x : x \notin x\}.$$

Esse conjunto não "existe" nas teorias clássicas de conjuntos como ZF (fundadas na lógica clássica), no sentido de que não pode ser derivado de seus postulados, se estes forem consistentes. No entanto, R pode existir (ser o valor de uma variável) em muitas teorias paraconsistentes de conjuntos.

O que ocorre com as lógicas paraconsistentes pode ser generalizado. Dependendo da lógica (e da matemática) consideradas, podemos supor a possibilidade de admitir uma vasta variedade de entidades que podem ser os valores das variáveis de uma adequada teoria, como dizia Quine. Assim, o seu célebre dito "ser é ser o valor de uma variável", tendo em vista as lógicas não clássicas, com as quais Quine não simpatizava, ganha um reforço de da Costa, que acrescenta: "de uma dada linguagem e com uma determinada lógica subjacente".[37]

No entanto, como chamaremos a atenção a seguir, isso não nos parece suficiente, devendo ser considerada ainda a metateoria na qual as entidades que podem ser os valores das variáveis são mostradas existir. Veremos isso no que se segue.

---

37. Da Costa, Logic and Ontology, *Principia*, v.6, n.2, p.279-98, 2002.

O que pode ser o valor de uma variável?

A filósofa norte-americana Ruth Barcan Marcus (1921-2012) salienta que, "onde o assunto (*subject matter*) está bem definido, i.e., onde o domínio está bem definido e (o que é mais importante), onde nós estamos sempre comprometidos ontologicamente em algum sentido, então tudo bem: ser é ser o valor de uma variável".[38] Ressaltemos, na citação, a expressão "onde o domínio está bem definido". O que isso pode significar? Recordemos que o comprometimento ontológico de uma teoria, para Quine, se centra em duas grandes máximas: *ser é ser o valor de uma variável* e *não há entidade sem identidade*. A ressalva mencionada anteriormente pode nos auxiliar a entender como essas duas frases se relacionam. Marcus continua:

> se já acreditamos – em algum sentido de "existência" – na existência de objetos físicos ou de números, então, se em nossa interpretação os objetos físicos ou os números são os objetos sobre os quais as variáveis variam, isto se molda com o *status* de que eles já tenham sido garantidos.[39]

Ou seja, devemos saber a que nossas linguagens se referem ou pretendem se referir; logo, parece nos reportar ao fato de que necessitamos representar as entidades que podem ser valores das variáveis de alguma forma. Para tanto, cremos que é importante considerar aquilo que Quine chama de *teoria de fundo* (*background theory*), mas que aqui, sem querer fazer exegese de suas ideias, vamos chamar de *teoria-base*. Vejamos de que se trata. Em seu artigo "Relatividade ontológica", Quine diz:

> uma ontologia é, em verdade, duplamente relativa. Especificar o universo de uma teoria somente faz sentido com relação a alguma

---

38. Marcus, *Modalities*, p.8.
39. Ibid.

teoria de fundo e somente com relação a alguma escolha de uma tradução de uma teoria na outra. [...] Não podemos saber o que é algo, sem saber como ele se distingue de outras coisas. Assim, a identidade faz uma só peça com a ontologia. Consequentemente, ela está envolvida em uma relatividade, como se pode prontamente ilustrar. Imaginemos um fragmento de uma teoria econômica. Suponhamos que seu universo compreende pessoas, mas que seus predicados são incapazes de distinguir entre pessoas cujas rendas são iguais. A relação interpessoal de igualdade de rendas goza, dentro da teoria, da propriedade da substitutividade da própria relação de identidade; as duas relações são indistinguíveis. É apenas com relação a uma teoria de fundo, na qual mais coisas se podem dizer da identidade pessoal do que a igualdade de renda, que somos capazes inclusive de apreciar a descrição acima do fragmento da teoria econômica, dependendo, como depende, de um contraste entre pessoas e rendas.[40]

Desse modo, pessoas com a mesma renda, ainda que não possam ser discernidas pelos predicados da linguagem considerada (que chamaremos de linguagem objeto, ou seja, discernidas internamente à teoria), podem sê-lo na teoria de fundo, mais rica (na linguagem da teoria-base). A concordância em todos os predicados da linguagem objeto fazem dois objetos a e b serem "idênticos" (preferimos dizer relativamente indiscerníveis) do ponto de vista da teoria objeto, porém, a e b podem vir a ser apontados como distintos pela teoria de fundo, por exemplo por meio de alguma propriedade que não pertença à linguagem da teoria objeto (mas à linguagem da teoria de fundo) e que um deles possua e o outro não.

Se lembrarmos ainda que, para Quine, *lógica* é sinônimo de "lógica de primeira ordem clássica" e que sua ontologia, em última instância, se reduz a conjuntos, e ademais que essas últimas entidades são consideradas como regidas por alguma teoria "clássica", como Zermelo-Fraenkel, podemos certamente inferir que aquelas

---

40. Quine, Sobre o que há, in: *Ryle, Strawson, Austin, Quine*, p.148-9.

coisas que podem ser valores das variáveis são exatamente as representáveis em tais teorias, ou seja, são indivíduos, entidades que obedecem à teoria clássica da identidade. É, portanto, em uma teoria como ZFC que o domínio pode estar bem definido, como sugere Marcus, e nessa teoria de fundo estamos sempre comprometidos ontologicamente (com indivíduos, como vimos), e é por isso que a segunda célebre frase de Quine coroa o seu critério: o que pode ser valor de uma variável é um objeto dotado de identidade, um indivíduo.

Ainda que Quine tenha reconhecido que mudanças em certas áreas pudessem envolver a necessidade de considerar outras lógicas, como foi o caso específico da mecânica quântica, ele nunca desenvolveu essas ideias. De qualquer modo, aparentemente, ele nunca questionou a teoria clássica da identidade, ainda que lhe tenha dado uma abordagem particular (confundido identidade com indiscernibilidade relativa a uma quantidade finita de predicados). Assim, se interpretamos a teoria de fundo quiniana como a metateoria na qual podemos elaborar os conceitos semânticos da teoria objeto, podemos tentar alcançar um novo modo de nos comprometer ontologicamente com entidades. Desse modo, o comentário feito no final da seção "O 'conjunto' de Russell", a saber, de que, tendo em vista a possibilidade de as lógicas não clássicas terem sugerido que ser é ser o valor de uma variável de uma dada linguagem, e módulo, uma dada lógica, podemos acrescentar: "e relativamente a uma determinada teoria de fundo". Com efeito, o que tomarmos como sendo a metateoria na qual expressamos a semântica da teoria objeto pode determinar de forma essencial aquilo que pode ser valor de uma variável (da linguagem objeto).

Em resumo, a questão colocada por último sustenta que se dizemos "Sócrates existe" em uma linguagem conveniente L, e isso é verdade, ou seja, se Sócrates pode ser o valor de uma variável, devemos poder descrevê-lo, ou representá-lo, em uma adequada linguagem na qual se possa fundamentar uma semântica para L (de modo que uma teoria que tenha L como base seja ao menos *correta* relativamente a essa semântica).[41] Assim, não basta dizer que ser é ser o valor de uma variável[42] de uma dada linguagem e com uma dada lógica subjacente.[43] É preciso acrescentar que isso se dá relativamente a uma dada teoria de fundo (*background theory*, para empregar a terminologia de Quine), na qual uma semântica para a linguagem objeto possa ser devidamente estabelecida. Consequentemente, para nós, ser é ser o valor de uma variável de uma dada linguagem, relativamente a uma dada lógica, e módulo uma certa teoria de fundo.

Essa conclusão tem um profundo impacto nos estudos fundacionistas da física quântica, como veremos mais à frente, mas aqui resumimos a sua essência para que o contexto seja pertinente.

Na mecânica quântica (ressaltemos desde já que não há *a* mecânica quântica, mas sim um grupo de teorias que conjuntamente são assim denominadas), há situações em que duas entidades (duas partículas, por exemplo) não podem ser discernidas de forma alguma. Há restrições até quanto à possibilidade de haver alguma *variável oculta* (ao formalismo) que permitiria sua distinção, pois sabe-se que assumir tais variáveis acarreta outros problemas com a teoria. Um exemplo típico de tal situação é o dos *estados emaranhados* (*entangled states*), nos quais duas ou mais partículas estão de tal modo relacionadas que não se pode distinguir seus estados individualmente: elas formam um todo indivisível e suas propriedades são dadas por essa totalidade. Ou seja, somente o todo pode ser dito ter uma propriedade, e não as partículas individualmente. Assim, se medirmos algo em uma delas, a mesma propriedade achar-se-á determinada para a outra. Se aceitarmos esse fato, que, atualmente, é tido como um dos fatos mais corroborados, não podemos distinguir entre duas partículas emaranhadas.

---

41. O chamado *teorema da correção* de uma teoria *T* diz informalmente que todos os teoremas de *T* são "verdadeiros" nos modelos de *T*. Para detalhes, consultar um livro de lógica, como Mendelson, *Introduction to Mathematical Logic*.
42. Quine, Sobre o que há, in: *Ryle, Strawson, Austin, Quine*.
43. Da Costa, Logic and Ontology, *Principia*, v.6, n.2, p.279-98, 2002.

Ora, suponha que elaboremos nossa mecânica quântica em uma teoria como ZFC, o que, podemos supor, acontece com as formulações usuais dessa teoria. Podemos tratar certas entidades como indiscerníveis de uma variedade de modos distintos, mas, em qualquer deles, ficará sempre a questão de que, em ZFC, *qualquer* entidade (nela representada) é um *indivíduo*, ou seja, tem uma identidade bem definida (pela teoria da identidade de ZFC), ainda que muitas vezes não possamos nem ao menos nomeá-las, como já vimos anteriormente, com o caso das boas ordens sobre $\mathbb{R}$. Entretanto, isso não importa: *dois* desses indivíduos, com nomes ou não, são sempre distintos: se são dois (ou mais), *necessariamente* são diferentes. Note que isso se deve à teoria de fundo (ZFC). A teoria física pode não os discernir, mas a teoria de fundo faz isso. É como se a lógica nos revelasse um modo de discernir as entidades, o que a física não é capaz de fazer.

Como contornar essa situação de modo que possamos admitir que as entidades não podem *mesmo* ser discernidas de forma alguma, ou seja, como sustentar uma ontologia de tais entidades? Só há um jeito: mudar a teoria de fundo. Por exemplo, usando *a teoria de quase conjuntos*,[44] podemos elaborar uma versão da teoria quântica na qual as partículas (ou seja lá quais entidades forem) podem ser vistas como *absolutamente indiscerníveis*, como parece requerer a própria teoria. Falaremos mais disso à frente.

Uma outra observação importante é a seguinte: vimos que a lógica clássica, bem como a matemática tradicional e a mecânica clássica, foi elaborada tendo-se em vista a nossa concepção de mundo baseada nos objetos que nos cercam (em nossa escala de tamanho). Agora vamos fazer um exercício na direção inversa: suponha que temos uma teoria T baseada na lógica clássica. Qual é o tipo de mundo que observamos sob o ponto de vista de T? Aparentemente, somos levados a pensar que os domínios de aplicação de T teriam de ser regidos pela lógica clássica, mas já vimos que isso é falso. Lembre-se do que dissemos acerca de a lógica

---
44. French; Krause, *Identity in Physics*.

clássica ter também uma semântica de índole intuicionista. Assim, mesmo que estejamos interessados não propriamente em entidades matemáticas, mas em objetos físicos, não podemos tampouco postular para eles os ditames da lógica clássica. A possibilidade de eles *obedecerem* outra lógica acha-se aberta, ainda que, com T, vejamos somente alguns de seus aspectos.

6
ONTOLOGIA E FÍSICA

A física atual traz questões extremamente interessantes para a discussão ontológica. Alguns dos temas presentes de maior interesse dos filósofos da física estão relacionados à ontologia das teorias físicas, especialmente das teorias quânticas de campos, entrando no chamado Modelo Padrão (da física de partículas) – que unifica três das quatro forças fundamentais da natureza.[1,2] O tema, relacionado à chamada gravitação quântica – área da física que procura unir o Modelo Padrão com a relatividade geral –, é bastante recente, mas relevante.[3] A dificuldade matemática dessas teorias, porém, nos obrigará a restringir nossa discussão a alguns tópicos apenas e ainda informalmente, mas isso já será suficiente para

---

1. Ver Cao, *Conceptual Foundations of Quantum Field Theory*.
2. As quatro forças são: a eletromagnética; a força fraca, responsável, por exemplo, pelo decaimento radioativo; a força forte, responsável pelas coalisões nucleares; e a "força" gravitacional. As três primeiras, presume-se, estão contempladas no chamado Modelo Padrão da física de partículas. Ainda se espera a unificação da quarta força, um domínio que é denominado de gravitação quântica; ver Rickles et al., *The Structural Foundations of Quantum Gravity*. Sobre questões ontológicas ligadas às teorias quânticas de campos, ver Cao, op. cit., e Kuhlman et al. (Eds.), *Ontological Aspects of Quantum Field Theory*.
3. Ver, por exemplo, Rickles et al., op. cit.

mostrar a riqueza do assunto e quão atual ele é. Em grande parte do texto, procederemos como faz o físico, simplesmente assumindo a existência de certas entidades, ainda que nosso objetivo seja, ao final, esquadrinhar essas suposições de um ponto de vista formal. Em resumo, o que diremos ao final é que uma teoria científica pode ser pensada como um dispositivo (matemático, nas disciplinas das ciências empíricas como a física) que nos permite dar conta de certo "modelo" que estabelecemos com base em uma porção da realidade, em um sentido que especificaremos depois. Assim, o que é ou deixa de ser uma entidade, como uma partícula ou uma onda, depende da teoria considerada. Dessa forma, devemos evitar especulações metafísicas sobre o que seria tal entidade *fora* dessa particular teoria, pois dificilmente se conformarão à teoria. Desenvolveremos isso ao final do capítulo.

Assim, em um primeiro momento, não nos preocuparemos com o rigor acerca dos fundamentos da física quântica, como poderíamos fazer se iniciássemos questionando os sentidos dados a palavras como "onda" e "partícula". Como veremos, o que há é um formalismo matemático e, por assim dizer, várias "teorias quânticas" (teoria ondulatória, teoria corpuscular, teoria de variáveis ocultas etc.), todas baseando-se essencialmente no mesmo formalismo matemático. Porém, como mencionamos anteriormente, procederemos como um físico, discorrendo informalmente sobre esses conceitos, e ficaremos restritos à mecânica quântica não relativista, ainda que, muitas vezes, façamos aportes às teorias quânticas de campos.

A pergunta de Quine, nossa velha conhecida, "O que há?", ganha uma característica peculiar na física presente, uma vez que se restringe unicamente a certo tipo de entidade física, ou objeto físico, como preferimos dizer. Na medida em que a física se ocupa dos constituintes últimos da matéria, a questão do objeto físico entra em cena de modo essencial. Ainda que, segundo alguns autores (como o Prêmio Nobel Steven Weinberg, conforme veremos com mais detalhes à p.179), a física não se ocupe de ontologia propriamente, ou seja, em discorrer sobre *o que há*, ela consiste unicamente em explicar a razão de o mundo ser como é. Porém, se não pelo físico, mas sim pelo filósofo, as questões ontológicas devem ser levadas em conta. Então, se ele não se restringir apenas à pura especulação, deve se acercar do que realmente ocorre com a ciência presente, sem deixar de dar atenção às teorias vigentes, sobretudo das teorias quânticas.

Os fatos surpreendentes apresentados pela física quântica, no que concerne ao nosso estudo, dizem respeito à total discrepância que há entre o que se assume ser o comportamento do *objeto quântico* que, algumas vezes, denominaremos de *quantum* (no plural, *quanta*), e os objetos do quotidiano (e da física clássica), pelo menos segundo algumas interpretações, como veremos. Mais à frente, exibiremos, ainda que sem detalhes, um ponto de vista sobre algumas dessas características. Uma (talvez a mais importante) das características dos *quanta*, aqui descrita em linhas gerais, é que eles podem entrar em estados de *superposição*, como "passar por um caminho A" e "passar por um caminho B", sendo $A \neq B$ (veja nossa discussão do interferômetro de Mach-Zehnder adiante, na seção "Estranhezas quânticas"), em que não se pode afirmar que o *quantum* tem posição ou velocidade (momento), passando a *existir* (no sentido de que pode ser detectado) somente quando realizamos a medida de alguma de suas propriedades. Isso levou alguns cientistas (como Einstein) a indagar se a Lua ainda estaria lá mesmo quando não a estamos observando... Do nosso interesse, importa o sentido que se dá ao termo "existir" nesses contextos. Acreditamos que, independentemente da interpretação que adotemos (mais sobre isso adiante), devemos estender nossa ontologia de modo que ela comporte um objeto que difere enormemente dos objetos "clássicos" (de nossa percepção imediata). Heisenberg, um dos pais da mecânica quântica, afirmava que os *quanta* deveriam ser vistos como *potencialidades*, "no sentido da filosofia aristotélica",[4] o que permitiria que eles se comportassem, depois de uma medida, ora de uma forma (como "partículas"), ora de outra (como "ondas"),

---

4. Heisenberg, *Física e filosofia*, p.136.

dependendo do modo como os experimentos fossem preparados. Se adotarmos essa posição, teremos de rever a noção de objeto físico, que não se conformará mais com a noção intuitiva de que dispomos, calcada na nossa experiência imediata. O objeto físico se tornará uma entidade matemática, descrita por uma teoria física, e adquirirá diferentes "significados", dependendo da interpretação que considerarmos. Associar tal formalismo matemático a uma interpretação, procurando dar sentido físico a tais objetos quânticos, constituirá um grande problema. Em particular, neste texto estaremos interessados em sua concepção como *não indivíduos*, sobre a qual falaremos rapidamente mais à frente.

Partículas e ondas

Nas teorias quânticas e relativista de campos, que alicerçam a física presente, são descritas as chamadas partículas elementares. A área é até mesmo denominada de *física de partículas*, ainda que a palavra "partícula" nada tenha a ver com a ideia intuitiva de uma pequena coisa, ou mesmo de uma concepção atomista no sentido dos antigos atomistas gregos, como Demócrito e Leucipo. A física de partículas de hoje, ainda que empregue o termo "partícula", trabalha com certos construtos matemáticos que, se supõem, descrevem o comportamento de certas entidades básicas assumidas pela teoria, muitas vezes sem mesmo que se saiba se há a partícula correspondente (achá-las tal como prevê a teoria, ou mostrar que não existem, constitui tema de relevo na física experimental).

Há exemplos célebres sobre o que estamos afirmando. Um dos mais conhecidos é o da partícula ômega-menos (Ω^-), prevista teoricamente por Murrray Gell-Mann em 1964, em um trabalho de classificação de um grupo de partículas denominadas de hádrons (classificação feita independentemente também por Ne'eman), e descoberta experimentalmente anos depois. Gell-Mann usou a teoria matemática de grupos para classificar os hádrons e, por questões de simetria, foi levado a postular a existência da partícula ômega-menos. Parece incrível como, por vezes, a natureza parece estar mesmo, como dizia Galileu, escrita em caracteres matemáticos.

Um outro exemplo é o do chamado bóson de Higgs, que, segundo se diz da teoria de partículas atual – o Modelo Padrão –, é responsável pela massa das partículas (e de tudo o mais, portanto) e, ao que parece, acaba de ter comprovação experimental.[5] Como se vê, os físicos trabalham com construtos matemáticos sofisticados, e certas entidades físicas são, muitas vezes, supostas como meras ficções úteis. Outras vezes, como parece ser mais comum, o físico realmente acredita na existência de tais entidades, adotando uma posição filosófica que a literatura denomina de *realismo de entidades*. Isso será discutido a seguir.

Uma das mais interessantes construções teóricas são as cordas e supercordas. Resumidamente, na chamada *teoria das cordas* (há várias delas), admite-se que as entidades básicas ("partículas") são formadas por vibração de certas entidades não pontuais, as "cordas", similarmente como as notas musicais são obtidas da vibração de um instrumento musical como um violão. Uma corda desse tipo é algo das dimensões da chamada escala de Planck, com cerca de 10^{-33} cm, ainda inalcançável empiricamente. Ou seja, não há até o momento como realizar experimentos nessa escala, e este é um dos motivos para certo ceticismo com relação à teoria (um dos grandes físicos da atualidade, o laureado com o Nobel de 1979, Sheldon Lee Glashow, chegou a dizer que a física atual – referindo-se às cordas – está mais para teologia medieval do que para "física" no sentido usual).[6]

O formalismo matemático empregado na física de hoje é muito sofisticado. Matematicamente, segundo a física de partículas (que é uma teoria de campos), tudo o que há são campos; assim,

---

5. LHC é a abreviação de Large Hadron Collider, um gigantesco acelerador posto para funcionar em 2008; ver http://lhc.web.cern.ch/lhc/.
6. Sobre a teoria das cordas, o leitor interessado pode consultar, para um texto de divulgação: Greene, *O universo elegante*.

podemos dizer que a ontologia da física de partículas de hoje é uma ontologia de campos. Como disse um dos filósofos de destaque nessa área, Tian Cao,

de um ponto de vista realista, o esclarecimento do que seja a ontologia básica em uma dada teoria é um aspecto importante na discussão sobre seus fundamentos. A ontologia básica de uma teoria é assumida ser o elemento conceitual irredutível na construção lógica da realidade pela teoria.[7]

E ele continua, falando especificamente das teorias de campos:

a ontologia básica [das teorias quânticas de campos] é um campo quântico. As partículas, ou os *quanta*, como manifestações dos estados excitados dos campos, caracterizam os estados do campo. Elas podem ser empiricamente investigadas e registradas, mas não exaurem o conteúdo principal do campo.[8]

Na física clássica (pré-física quântica), os sistemas físicos eram entendidos a partir de dois conceitos básicos: partículas e campos (ou "ondas").[9] Acredita-se que a noção de partícula, ou de "corpúsculo", teria vindo do contato com os objetos, enquanto a de onda teria vindo de interações com, por exemplo, vagas no mar.[10] Ainda que uma partícula possa ser tanto uma molécula de um gás quanto uma galáxia (dependendo de como apliquemos o modelo físico), partículas são concebidas como entidades discretas, sujeitas a um *princípio de impenetrabilidade*, que as impede de estar em um mesmo local ao mesmo tempo.[11] Um campo, pelo contrário, é algo

---
7. Cao, *Conceptual Foundations of Quantum Field Theory*, p.4.
8. Ibid., p.10.
9. Seguimos aqui parcialmente Lévy-Leblond; Balibar, *Quantics*, cap.2.
10. Lévy-Leblond; Balibar, op. cit., p.37.
11. Aqui, uma ressalva: nem sempre, em física, partículas são entidades que não teriam estrutura interna (a palavra *elementares* pode nos induzir a pensar assim). Por exemplo, uma partícula α é constituída por dois prótons e dois

contínuo, obtido quando encontramos um modo de atribuir uma quantidade física aos pontos do espaço-tempo; há campos escalares (quando associamos escalares aos pontos, como temperaturas), campos vetoriais (quando lhes associamos vetores, como velocidades) etc. Os campos podem se superpor, como duas ondas quando se encontram (ver Figura 6.1). Por exemplo, se aceitamos que, a cada ponto do espaço, um potencial gravitacional está associado, obtemos um campo gravitacional. Analogamente, obtém-se o campo eletromagnético. Ao estudo da evolução dinâmica dos campos dá-se o nome de *teoria de campos*. Esse estudo, levado ao campo eletromagnético, dá origem à eletrodinâmica quântica (EDQ),[12] uma das mais importantes áreas da física atual, e parte do modelo padrão. No entanto, há que se ter certo cuidado; ainda que não façamos isso aqui, é preciso distinguir "campos", no sentido clássico (da física clássica) e no sentido das teorias quânticas. No entanto, deixaremos essa distinção implícita, bem como sua definição precisa, já que ela não é essencial para os interesses deste livro.

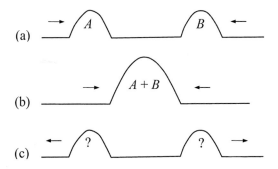

Figura 6.1 – Imagem idealizada: duas ondas (ou excitações de campos) se aproximam, se superpõem e depois se separam novamente. Pode-se saber qual é qual?

---

nêutrons. Os físicos falam na transformação de uma partícula em outra mesmo nos casos em que uma delas está sendo "quebrada" de forma a mostrar partes constituintes.

12. Em inglês, *quantum electrodynamics* (QED).

É conveniente distinguir as diversas teorias que são rotuladas de *física quântica*. Primeiramente, há a *mecânica quântica* propriamente dita, não relativista, ou seja, que não emprega conceitos da relatividade especial. Nessa teoria, os conceitos de espaço e tempo são "clássicos", absolutos, como na física newtoniana. Mesmo assim, há diferentes versões dessa teoria; Heisenberg a formulou de um modo que ficou conhecido como *mecânica matricial*, enquanto Schrödinger a formulou como *mecânica ondulatória*. O formalismo matemático pode também variar; o mais comum é aquele que utiliza os chamados *espaços de Hilbert* e é devido a von Neumann. Posteriormente, Dirac iniciou a versão relativística da teoria, dando início às *teorias quânticas de campos*, havendo, como o nome indica, várias delas. Aqui, nos restringiremos à mecânica quântica não relativista, que chamaremos de *mecânica quântica* simplesmente, e não faremos uma distinção pormenorizada, e o que dissermos se aplica tanto a uma versão quanto a outra, ainda que o significado de "partículas", por exemplo, varie conforme a abordagem. Quando, mais à frente, falarmos em *mecânica quântica*, pode-se entender qualquer uma dessas formulações.

A mecânica quântica veio substituir os conceitos de onda e partícula por um só, descrevendo uma entidade que ora se comporta como uma partícula, ora se comporta como uma onda. Deve-se ter em mente que se trata de uma descrição superficial, pois é difícil falar algo à parte do formalismo matemático, mas prosseguiremos dessa forma. O famoso experimento das duas fendas, primeiramente realizado com luz, que demonstrou como ela se porta ora como composta de partículas, ora como um fenômeno ondulatório, foi depois realizado com *ondas de matéria*, tendo sido verificado exatamente o mesmo comportamento.[13] Como dito, o

---

13. O leitor interessado pode consultar qualquer livro de mecânica quântica, como Pessoa Jr., *Conceitos de física quântica* (v.I e II), para uma visão geral dos conceitos quânticos básicos. Pode-se também encontrar facilmente na web (por exemplo, no YouTube) vídeos ilustrando os principais experimentos. Uma leitura agradável é a do livro de Gilmore, *Alice no país do quantum*, que explica de modo bem informal essas "quantices".

formalismo quântico (sua contraparte matemática) pode ser apresentado de diversas formas, sendo a mais comum a que utiliza o conceito de *espaços de Hilbert*,[14] todos eles aparentemente dando essencialmente os mesmos resultados empíricos. O que faz os cientistas divergirem entre si é o "significado" desse formalismo, ou seja, a forma como se deve *interpretá-lo*. Seguindo Pessoa Jr., discerniremos entre quatro interpretações, ainda que haja muitas outras:[15] para Schrödinger (e muitos outros), os objetos quânticos são ondas (campos) e propagam-se como ondas, mas, quando se mede uma de suas propriedades, eles se comportam como entidades mais ou menos bem localizadas, "pacotes de ondas" que agem como se fossem partículas. Outros cientistas preferem uma interpretação corpuscular; as entidades quânticas seriam partículas, similares às suas gêmeas "clássicas", não havendo onda associada. Outros, ainda, como David Bohm, preferem associar ambos os conceitos; teríamos uma partícula "surfando" em uma *onda piloto*, que a guiaria. Já na interpretação que admite haver *complementaridade*, advogada inicialmente por Niels Bohr, os dois fenômenos, o corpuscular e o ondulatório, são *complementares*, sendo ambos necessários para a descrição física dos fenômenos, e ora as entidades se comportam de uma maneira, ora de outra. (Leitor: cuidado com conclusões apressadas, achando, por exemplo, que alguma delas é absurda. Supreendentemente, elas funcionam muito bem do ponto de vista físico, ainda que todas sejam sujeitas a limitações e críticas.)

A discrepância do objeto quântico com o objeto usual de nossa experiência (e da física clássica) é tamanha que, por exemplo, J.-M. Lévy-Leblond e F. Balibar sugerem que, na verdade, se trata de uma nova entidade, a saber:

---

14. Pessoa Jr., *Conceitos de física quântica*, v.I.
15. Textos mais abrangentes como Jammer, *The Philosophy of Quantum Mechanics*; Ghirardi, *Snaking a Look at God's Cards*; Malin, *A natureza ama esconder-se*, são interessantes para o filósofo.

devemos, portanto, abandonar a ideia de que qualquer objeto físico é ou uma onda ou uma partícula. Nem é possível dizer, como algumas vezes é feito, que partículas "tornam-se" ondas no domínio quântico e inversamente. Nem deveria ser dito que os objetos quânticos têm uma natureza dual, a qual é simultaneamente ondulatória e corpuscular (algo que é logicamente absurdo, uma vez que os dois conceitos são mutuamente exclusivos).

É, portanto, necessário reconhecer que temos aqui uma espécie diferente de entidade, uma que é especificamente quântica. Por essa razão, denominamo-las *quantons*, mesmo apesar de essa nomenclatura não ser adotada universalmente.[16]

Os *quantons* comportam-se de uma maneira específica e é sobre a elucidação desse comportamento que este livro é devotado.[17]

A interpretação que assume campos tem sido preferida tanto por físicos quanto por filósofos, já que ela "responde melhor" aos experimentos, como veremos mais à frente. A física de partículas de hoje é uma teoria de campos nesse sentido, que procura uniformizar a relatividade especial com a mecânica quântica (a unificação da relatividade geral com a mecânica quântica é ainda um problema em aberto; isso se denomina *gravitação quântica*, como já foi mencionado anteriormente; apesar de não ser ainda uma teoria no sentido usual do termo,[18] as discussões filosóficas nessa área acontecem, como apontam os textos mencionados anteriormente – ver *The Structural Foundations of Quantum Gravity*, de Rickles et al., para uma discussão filosófica envolvendo variados aspectos da gravitação quântica). Campos, no entanto, são entidades matemáticas e devemos, como sugeriu Sunny Auyang, "distinguir entre o formalismo de uma teoria física de sua significância física e filosófica".[19] Em especial, não

---

16. Parece que essa terminologia se deve a Mario Bunge, mas desconheço a fonte.
17. Lévy-Leblond; Balibar, *Quantics*, p.69.
18. Pelo menos no sentido do ideal aristotélico de termos uma teoria com princípios claros, um sistema de postulados e uma lógica subjacente bem definida.
19. Auyang, *How is Quantum Field Theory Possible?*, p.145.

devemos confundir a descrição matemática de algo com esse algo, da mesma forma como não confundimos uma fotografia de uma pessoa com a própria pessoa. Assim, se os físicos aceleram hádrons no grande colisor de hádrons (LHC, na sigla em inglês), e se há uma classificação das partículas conhecidas, é filosoficamente relevante procurarmos conhecer o que são essas entidades, ou seja, aprofundar a questão ontológica a seu respeito.

Considerações desse tipo podem nos levar, no que concerne às teorias de campos, a não considerar o "elemento conceitual irredutível na construção lógica da realidade pela teoria", para empregar as palavras de Cao mais uma vez, mas algumas de suas "consequências", os *quanta*. Isso faz sentido segundo dois aspectos pelo menos: primeiramente, é fundamentalmente com os *quanta* que os físicos (principalmente os físicos experimentais) estão preocupados (ver mais adiante); segundo, mesmo a redução última da realidade a campos é algo em aberto, pois, como vimos, há alternativas, como as cordas. Assim, se, nas teorias de campos, a ontologia se reduz a campos, não se pode dizer o mesmo em geral. Ademais, um dos físicos experimentais mais importantes da atualidade, Anton Zeilinger (da Universidade de Viena),[20] quando indagado sobre por que ele não utiliza as teorias quânticas de campos (que unem a relatividade especial e a mecânica quântica), mas a mecânica quântica tradicional (fundamentada no conceito matemático de espaços de Hilbert) em sua atividade, respondeu que, para todos os efeitos práticos, os *quanta* são como as partículas descritas pela mecânica quântica não relativista.

Sheldon Lee Glashow, apesar de ter sido responsável pela criação do Modelo Padrão da física de partículas, uma teoria de campos, sustenta que, "para governar a Nave Espacial Terra e chegar ao

---

20. Vários artigos de Zeilinger e de pessoas que trabalham com ele no laboratório de óptica quântica, nanofísica quântica e informação quântica, da Universidade de Viena, podem ser encontrados no *link*: http://www.quantum.at/. Um livro de divulgação desse autor, contendo várias questões como as de que estamos tratando, é Zeilinger, *A face oculta da natureza*.

depósito de combustível do Sol", tudo de que necessitamos são apenas quatro tipos de "partículas", os *quarks* UP e DOWN, o elétron, e seu neutrino.[21] Ou seja, ainda que usemos teorias de campos, são os campos "como partículas" que interessam em várias situações.

É importante salientar que, como os exemplos anteriores evidenciam, essas entidades, via de regra, não nos são dadas tal como nos é dado um objeto novo para que o conheçamos, por exemplo um novo modelo de veículo, ao qual somos apresentados sem nunca termos ouvido falar dele e que, posteriormente, o descrevemos com base em suas características, como cor, modelo, ano de fabricação, potência etc. As partículas elementares de hoje podem ser virtuais, no sentido de que sua existência ocorre em intervalos de tempo tão pequenos que não podem ser observadas diretamente, e há algumas delas que, apesar de serem essenciais para que as teorias físicas funcionem a contento, nunca foram observadas, e talvez nunca o sejam. Partículas são, hoje, *quanta de campos*, certas formas de excitação dos campos, descritas em espaços matemáticos de várias dimensões e a variáveis complexas (ou seja, dependem de forma essencial dos chamados números complexos), e é uma tarefa difícil associar uma "realidade" a elas.[22] A física de hoje é constituída de modelos matemáticos (teorias) que se aplicam a determinadas situações, e não a outras, e via de regra são condizentes com variadas interpretações de suas entidades básicas. Assim, o que é ou deixa de ser um *quantum* depende muito da teoria escolhida. De certo modo, como advogava Schrödinger, não se pode alcançar a "realidade", seja lá o que isso signifique.

Para enfatizar a ideia de como as "partículas" surgem em um campo, convidamos o leitor a buscar na web uma escultura de Antony Gormley, localizada em um píer sobre o Rio Tâmisa, em

---

21. Glashow, *El encanto de la Física*, p.140, 275.
22. Há, no entanto, tentativas de se fundamentar uma teoria de campos em termos de partículas (mas, claro, em sentido distinto daquelas tratadas pela física clássica).

Londres. Uma figura humana "surge" da concentração de barras de aço, da mesma forma (pode-se supor) que uma partícula surge em um campo.[23] Parece evidente que a noção de objeto físico necessita ser revisada à luz da física presente e, como isso está na base de qualquer suposição ontológica sobre a ciência atual, importa considerarmos o assunto. Um dos aspectos mais intrigantes diz respeito à sua individualidade, que agora consideraremos, pois essa discussão nos permitirá abordar diversos conceitos importantes para os estudos ontológicos atuais.

Estranhezas quânticas

Assumiremos aqui alguns conceitos de modo informal e impreciso. Por exemplo, para nós, um *indivíduo* é uma entidade que possui uma *identidade*, no sentido de que é uma espécie de unidade e pode ser identificado como sendo *aquele* indivíduo, seja em uma multidão, seja em instantes posteriores ou anteriores a uma observação feita. Um indivíduo pode, pelo menos potencialmente, ser seguido por sua história. Minha caneta, mesmo se eu a perder, poderá (pelo menos eu tendo a acreditar nisso) ser discernida por mim, mesmo junto a muitas outras que tenham sido encontradas e deixadas em uma seção de achados e perdidos. Indivíduos possuem *individualidade*; não há duas canetas absolutamente iguais, pois (supõe-se que) sempre haverá algum arranhão, alguma marca, que a distinga de todas as outras. Se fosse possível, eu poderia traçar sua história desde a seção de achados e perdidos até minha casa e minha mesa de trabalho para saber como ela chegou lá. Claro que não posso fazer isso, mas admite-se tal história.[24] O que confere

---

23. Ver a descrição da construção da escultura em: http://www.lusas.com/case/civil/gormley.html.
24. A mesma discussão, só que usando um guarda-chuva em vez de uma caneta, foi antecipada por Heinz Post, em 1963; ver French; Krause, *Identity in Physics*.

individualidade a um indivíduo? Há duas respostas básicas, como exploradas na literatura. Podemos dizer que minha caneta possui um *quid*, algo que lhe é peculiar e que subjaz a todas as suas características, alguma forma de substrato, uma *thisness*, apresenta *haecceity* – para empregar um termo que vem de Duns Scotus (mais sobre isso adiante).[25] Isso faz que, mesmo adquirindo ou perdendo algumas de suas características conhecidas, como cor ou outros arranhões, ela permanece *sendo ela mesma*; sua identidade é retida. Teorias que sustentam essa visão são muito propriamente denominadas de *teorias de substrato*. A outra alternativa afasta qualquer forma de substrato, admitindo que seria uma propriedade ou uma coleção de propriedades que conferiria individualidade a um indivíduo. Tais teorias são denominadas de *teorias de pacotes* (ou *de feixes*) *de propriedades* (em inglês, *bundle theories*).

A dificuldade com as teorias de substrato está em especificar em que este consiste, já que, por sua própria definição, não pode ser reduzido a propriedades. As teorias de pacotes enfrentam dificuldades como a possibilidade de haver mais de um objeto com exatamente as mesmas características. Por que não poderia haver duas canetas exatamente similares, inclusive quanto a seus arranhões e marcas de idade? Claro que não podemos *demonstrar* tal fato, mas assumi-lo ou rejeitá-lo, e justificar nossa posição (trata-se de um pressuposto metafísico). Usualmente assumimos alguma forma do chamado princípio da identidade dos indiscerníveis, que remonta pelo menos a Leibniz. Segundo essa ideia, se duas entidades possuem todas as características em comum (propriedades, relações etc.), elas não são duas, mas uma só entidade: os indiscerníveis são idênticos, são o mesmo objeto. Assumir esse princípio é assumir uma posição metafísica, mas, se queremos rejeitá-lo, devemos

---

25. Para uma discussão filosófica, ver Adams, Primitive Thisness and Primitive Identity, *Journal of Philosophy*, v.76, n.1, p.5-26, 1979. No contexto da física quântica, ver Teller, Quantum Mechanics and Haecceities, in: Castellani (Ed.), *Interpreting Bodies*. Para uma discussão geral, French; Krause, *Identity in Physics*.

possuir bons argumentos.[26] O que dizer do objeto quântico? É preciso muito mais para qualquer esboço de respostas.

Superposição

Erwin Schrödinger, um dos pais da física quântica, chegou a dizer que o conceito fundamental dessa disciplina é o de *emaranhamento* (*entanglement*). Vamos tentar entender esse conceito.

Um sistema físico é descrito no formalismo quântico por uma função a variáveis complexas denotada por $|\psi\rangle$ (que pode ser vista como um vetor em um espaço de Hilbert, que é um tipo especial de espaço vetorial). A dinâmica do sistema é dada por uma equação diferencial de primeira ordem em relação ao tempo, chamada de *equação de Schrödinger* (ES).

Uma equação diferencial é uma equação cuja incógnita é uma função e nela aparecem não só a função, mas também suas derivadas em relação a algum parâmetro, como o tempo. No caso da ES, aparece apenas a derivada primeira da função em relação ao tempo, ou seja, é uma equação diferencial de primeira ordem. Isso implica que, se as funções $|\psi_1\rangle$ e $|\psi_2\rangle$ são soluções da ES, qualquer combinação linear delas também o é, como $|\psi\rangle = a|\psi_1\rangle + b|\psi_2\rangle$, para a e b números complexos. Uma tal expressão é dita ser uma *superposição* de $|\psi_1\rangle$ e $|\psi_2\rangle$. Segundo a física clássica, podemos pensar "separadamente" nas duas funções, mas via de regra isso não é possível na física quântica. O experimento ilustrado posteriormente explica o que ocorre, mas antes é preciso fazer uma distinção importante.

O emaranhamento é um caso especial de uma superposição. Uma superposição de estados é uma situação em que determinado sistema físico, como um gato fechado em uma sala sem janelas que contém um frasco de um poderoso veneno, encontra-se em

---

26. Uma discussão pormenorizada dessas questões pode ser vista em French; Krause, *Identity in Physics*.

superposição de estados: *vivo — frasco inteiro* e *morto — frasco quebrado*, pois não sabemos se o frasco se quebrou, de forma que o veneno se espalhou e matou o gato.

Um emaranhamento é algo mais complicado; trata-se de uma situação envolvendo dois sistemas físicos que interagiram no passado e que agora encontram-se separados, mas de tal forma que, se olharmos (medirmos algo) o estado de um deles, "adivinhamos" o estado do outro. Schrödinger disse que o emaranhamento é *a* situação por excelência da mecânica quântica, e não tem paralelo na física clássica, constituindo exemplo de um fenômeno tipicamente quântico.

Nota técnica   Para o leitor que conhece o formalismo usual via espaços de Hilbert, fazemos o seguinte comentário: suponha que $\{|i\rangle_A\}$ é uma base ortonormal para o espaço de Hilbert $\mathcal{H}_A$, e que $\{|j\rangle_B\}$ é uma base ortonormal para o espaço de Hilbert $\mathcal{H}_B$. Um estado geral em $\mathcal{H}_A \otimes \mathcal{H}_B$ pode ser escrito assim: $|\psi\rangle_{AB} = \sum_{i,j} c_{ij} \cdot |i\rangle_A \otimes |j\rangle_B$.

O estado é *separável* se existem escalares c_i^A e c_j^B tais que $c_{ij} = c_i^A \cdot c_j^B$, conduzindo a $|\psi\rangle_A = \sum_i c_i^A |i\rangle_A$ e $|\psi\rangle_B = \sum_j c_j^B |j\rangle_B$, e é um estado *emaranhado* se não existem tais c_i^A e c_j^B, que permitiriam a separação do "todo" (o vetor $|\psi\rangle_{AB}$ em cada uma de suas "partes", $|\psi\rangle_A$ e $|\psi\rangle_B$ – trata-se de uma forma de *holismo*, típica da mecânica quântica).

Vamos agora ao experimento, mencionado anteriormente, representado na figura a seguir.

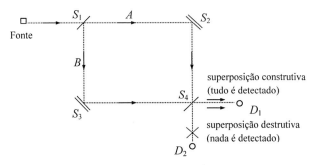

Figura 6.2 – Interferômetro de Mach-Zehnder

Imagine que uma fonte emite um feixe monofotônico (que, quando detectado, exibirá uma única partícula, digamos um único fóton) sobre um espelho semirrefletor S_1 (chamado de *beam splitter*), conforme a Figura 6.2 (que esquematiza o chamado *interferômetro de Mach-Zehnder*). O feixe se decompõe em S_1 em dois feixes, um rumando para A e outro para B. Ambos são agora refletidos por espelhos refletores (que não deixam passar radiação) S_2 e S_3, e rumam para outro espelho semirrefletor (*beam splitter*) S_4, que novamente divide os feixes. O que se passa (e os arranjos experimentais comprovam isso) é que, quando refletido, um feixe de ondas sofre uma defasagem de ¼ de seu comprimento de onda. Assim, o feixe que ruma por A e vai para o detector D_2 sofreu defasagem de ¼ em S_2 apenas, enquanto o que segue por B sofreu defasagens de ¼ em S_1, S_3 e S_4, somando ¾. Ou seja, os dois feixes têm defasagem de ½ e, portanto, se anulam, resultando que nada é detectado em D_2. Vejamos agora o que acontece no detector D_1. O feixe A sofre defasagem de ¼ em S_2 e em S_4, ao passo que o que ruma por B sofre defasagens em S_1 e S_3. Assim, os dois feixes têm defasagem de ½ comprimento de onda, resultando em que entram em fase em D_1 e, portanto, são detectados.

A Figura 6.3 a seguir ilustra a defasagem de meio comprimento de onda, havendo *superposição destrutiva*.

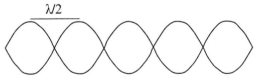

Figura 6.3 – Duas ondas defasadas $\lambda/2$ se anulam

Podemos raciocinar como na física clássica e supor que o objeto quântico (que pode ser um fóton) possui uma história (como minha caneta no exemplo anterior) e que passou por A ou por B? É fácil ver que não. Isso se deve ao seguinte fato:[27] se retirarmos o

---

27. Bem descrito em Pessoa Jr., *Conceitos de física quântica*, v.I, p.12.

espelho S_1, o feixe se dirige por A e é repartido em S_4, sendo detectado em D_1 ou em D_2 com 50% de probabilidade em cada caso. Substituindo S_1 por um espelho que reflete totalmente, o feixe dirige-se a S_4 por B, e lá se divide, dando novamente 50% de probabilidade de detecção em D_1 e 50% em D_2. Portanto, se o feixe for deslocado tanto por A quanto por B, temos 50% de probabilidade de ele ser detectado em D_1 ou em D_2, mas *sabemos* que, estando abertos os dois caminhos, temos 100% de chances de detecção em D_1 e 0% em D_2. Logo, *não podemos* supor que o feixe veio por A ou por B. Como explicar tal fato? A primeira constatação é a de que não há "meio fóton", para que se possa imaginar que o fóton se decompôs em dois, um rumando por A e outro por B. Pessoa Jr. salienta que a resposta a esse tipo de questão, típica da física quântica, depende da interpretação adotada.[28]

O resultado do experimento Mach-Zehnder é tipicamente ondulatório, e qualquer interpretação corpuscular terá grande dificuldade em explicá-lo. Em uma interpretação ondulatória, não haverá sentido em perguntar por qual caminho rumou o feixe, ou o fóton. Após o espelho S_1, ele se encontra em uma *superposição* de estados, um que indica a trajetória A, outro que indica a trajetória B, que podemos escrever:

$$|\psi\rangle = |\psi_A\rangle + |\psi_B\rangle. \qquad (6.1)$$

O fato relevante é que, como dissemos, não faz sentido "separar" as funções de ondas parciais, o que ocorre somente após a medida (quando a função de onda "colapsa" em um dos estados, de acordo com a interpretação usual).[29] Se adotarmos uma interpretação ondulatória, como poderemos dizer que estamos na presença

---

28. Pessoa Jr., *Conceitos de física quântica*, v.I, p.13.
29. Há interpretações que tentam afastar o colapso; ver Ghirardi, *Snaking a Look at God's Cards*, para uma das mais importantes, conhecida como GRW. Outra interpretação que afasta o colapso é a dos muitos mundos, associada a Hugh Everett III.

de um indivíduo? Isso, quando muito, poderia ser dito somente quando há a medida, quando acontece o *click* no receptor D_1, mas não antes.

Ora, você poderia sugerir prestar atenção nas trajetórias para ver por qual ele passou. Isso corresponde a colocar algum tipo de "observador" em um dos caminhos, mas sabe-se dos experimentos que, independentemente da maneira que isso seja realizado, o fenômeno ondulatório desaparecerá, mesmo que o processo já tenha sido iniciado (ou seja, se fôssemos suficientemente rápidos – tanto quanto os físicos experimentais – para colocarmos um "observador" em uma das trajetórias depois que o feixe passa por S_1, mesmo assim o fenômeno ondulatório desapareceria – esses experimentos são denominados de *experimentos da escolha demorada*, e são realizados em laboratório). Vulgarmente, costuma-se dizer que o *quantum* "sabe" nossas intenções e se comporta dessa ou daquela maneira mesmo antes de tomarmos qualquer atitude. Claro que isso é um abuso de expressão e, na verdade, nada mais é do que um "fato quântico", para o qual não temos um correspondente "clássico" – motivo de nossa estranheza.

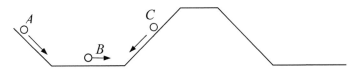

Figura 6.4 – Um objeto físico "clássico", representado por uma bolinha "clássica" abandonada em A não tem energia suficiente para suplantar a barreira à sua frente, chegando no máximo ao ponto C, e retornando, até alcançar o equilíbrio em B[30]

Há inúmeros outros "fatos quânticos" que chocam nossa visão intuitiva das coisas, e mesmo a física clássica. Um dos mais intrigantes é o *efeito túnel*. Na física clássica, temos certeza de que uma bolinha (ver Figura 6.4) abandonada em A não passará a barreira à

---

30. Ver Ghirardi, *Snaking a Look at God's Cards*, p.96.

sua frente, que tem altura maior que a altura da qual a bola parte (sujeita unicamente à ação da gravidade).

Na física quântica, no entanto (ver Figura 6.5), digamos que um *quantum* com energia E tenha diante de si uma "barreira" de energia $2E$. Nesse caso, há uma probabilidade diferente de zero de que um *quantum* possa ser encontrado *depois* da barreira. O estado de superposição "*quantum* antes" e "*quantum* depois" (da barreira) pode ser escrito da seguinte maneira:

$$|q\rangle = \tfrac{1}{\sqrt{2}}(|q_E\rangle + |q_D\rangle).^{31} \qquad (6.2)$$

Antes de qualquer medida, não podemos afirmar que o *quantum* pode ser detectado antes ou depois da barreira, havendo 50% de chances em cada caso.[32]

Figura 6.5 – Um *quantum* no estado inicial, com potencial próximo ao da barreira, encontra-se depois em superposição de dois estados $|q_E\rangle$ e $|q_D\rangle$. A analogia do *quantum* com uma bolinha é inadequada, devendo ser considerada com cautela

Indiscernibilidade

Outra característica tipicamente quântica é a *indiscernibilidade* (ou *indistinguibilidade*) absoluta dos *quanta*. Segundo alguns autores, isso oferece uma contestação ao princípio de Leibniz mencionado

---

31. $1/\sqrt{2}$ é apenas um fator de normalização, usado para que o vetor $|q\rangle$ seja unitário.
32. Ver Ghirardi, *Snaking a Look at God's Cards*, p.96.

anteriormente e tem sido muito debatido na literatura. Segundo uma tradição que remonta a Aristóteles, podemos distinguir entre propriedades *essenciais* e propriedades *acidentais*. Por exemplo, Sócrates ser filósofo é algo acidental, posto que o mestre de Platão poderia ter sido um pescador, por exemplo, e não um filósofo. Mas Sócrates era humano, e isso constituía algo que lhe era essencial. Sem essa característica, ele não seria Sócrates. Aceitar tal distinção consiste no que os modernos filósofos da linguagem denominam de *essencialismo*. Podemos ser essencialistas em física quântica?

O físico e filósofo italiano Giuliano Toraldo di Francia diz que os objetos quânticos são *nomológicos*, dados por leis físicas.[33] Um elétron, por exemplo, é uma entidade física que tem, aproximadamente massa $m = 9,1 \times 10^{-28}$ g, carga elétrica $e = 4,8 \times 10^{-10}$ e.s.u. e *spin* $s = \pm \frac{1}{2}$ (em unidades de $\hbar = h/2\pi$, sendo h a constante de Planck). Essas características seriam essenciais.[34] Um objeto quântico com a mesma carga elétrica e *spin*, mas com massa duzentas vezes maior não é um elétron "mais pesado", mas um *muon*, que é outra entidade física. Elétrons, no entanto, podem ter propriedades acidentais, como estar em certa posição em determinado tempo (com uma dada probabilidade).

Porém, contrariamente ao que (aparentemente) acontece com os objetos macroscópicos que nos cercam, *todos* os elétrons têm as mesmas propriedades essenciais. Relativamente a elas, não há qualquer diferença entre eles (o mesmo se dá, obviamente, com qualquer partícula quântica relativamente às *suas* propriedades). E quanto às acidentais? Seriam dois elétrons discerníveis por propriedades acidentais? Elétrons são férmions, e como tais,[35] obedecem ao chamado

---

33. Toraldo di Francia, *The Investigation of the Physical World*, p.222.
34. O assunto, no entanto, é discutível. Com efeito, segundo a chamada Interpretação de Copenhague, não há sentido preciso em se dizer que um objeto quântico tem uma dada propriedade antes que ela seja medida; esse assunto, no entanto, extrapola a discussão presente.
35. As chamadas partículas elementares são bósons ou férmions, ainda que o formalismo usual seja compatível com a existência de outras formas de partículas, as chamadas parapartículas, por exemplo. No entanto, não se conhecem entidades quânticas que não sejam bósons ou férmions.

princípio de exclusão (proposto por Wolfgang Pauli, em 1925), que diz que férmions não podem ter todos os mesmos números quânticos (ou seja, estarem no mesmo estado). Isso é essencial para toda a física, e está na base, por exemplo, da tabela periódica dos elementos. Porém, quando consideramos dois férmions, ou seja, dois elétrons de um átomo de hélio em seu estado fundamental (de menor energia), sabemos, com base na teoria física, que um deles tem *spin* + ½ e o outro tem *spin* – ½.

Se descrevermos o estado do sistema composto pelos dois elétrons, procedemos assim: chamamos o primeiro de A e o outro de B, em estados $|\psi_A\rangle$ e $|\psi_B\rangle$ respectivamente. Se quisermos dizer (em nosso formalismo padrão) que o primeiro está em A e o segundo está em B, o que conferiria uma diferença entre eles, devemos usar um vetor da forma $|\psi_A\rangle \otimes |\psi_B\rangle$, em que $\otimes$ denota o produto tensorial dos vetores (não é necessário considerar a definição desse produto para entender o argumento). No entanto, esse vetor não representa nada que seja fisicamente relevante (não denota um estado físico). Assim, não podemos tratar os dois elétrons separadamente. Pelo contrário, para descrever o sistema conjunto, devemos usar um vetor da forma

$$|\psi\rangle = \tfrac{1}{\sqrt{2}}(|\psi_A\rangle \otimes \psi_B\rangle - |\psi_B\rangle \otimes |\psi_A\rangle), \qquad (6.3)$$

que descreve o sistema conjunto. Esse é um típico estado de emaranhamento, não havendo como dizer qual elétron tem *spin* + ½. Sabemos simplesmente que *um deles* tem *spin* positivo (dito *UP*), mas desconhecemos *qual*. Isso é fundamental: os elétrons, ainda que não tenham os mesmos números quânticos, não podem ser individualizados, no sentido de podermos dizer qual é qual, o que traz interessantes questões relativamente à lógica e à matemática utilizadas para tratar o assunto, como veremos adiante.

Podemos assumir que os *quanta* não possuem *individualidade*, e isso pode ser visto melhor com o caso de bósons.[36] Com efeito, nas

---

36. Há interpretações, no entanto, como a de David Bohm, em que os *quanta* têm individualidade. A ontologia da teoria de Bohm é similar à da mecânica

teorias quânticas de campos, há determinados agrupamentos de *quanta*, os chamados *condensados de Bose-Einstein* (BECs, na sigla em inglês), que consistem de aglomerados de muitos bósons em um mesmo estado quântico, eles são absolutamente indiscerníveis, não havendo qualquer modo de identificá-los individualmente.[37] Segundo o físico alemão Wolfgang Ketterle – hoje no Instituto de Tecnologia de Massachusetts (MIT) e Prêmio Nobel em 2001 (ver mais à frente) –, "[o] fenômeno da condensação de Bose-Einstein (BEC) é a consequência mais dramática da estatística quântica que surge da indistinguibilidade de partículas".[38] Vamos dar uma ideia do que se passa.

De acordo com a física clássica, se temos, por exemplo, as moléculas de um gás, podemos pensá-las como pequenas bolinhas, que se movem e eventualmente colidem. Cada uma delas é caracterizada por sua posição e velocidade (Figura 6.6).

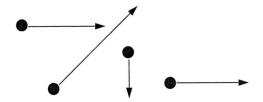

Figura 6.6 – Moléculas de um gás, como se fossem bolinhas

Na física quântica, geralmente assumimos a chamada hipótese de De Broglie, segundo a qual não somente a luz, mas também a

---

clássica. Em French; Krause, *Identity in Physics*, discute-se pormenorizadamente essas diversas possibilidades metafísicas associadas com a mecânica quântica.
37. Na *BEC Homepage* (http://www.colorado.edu/physics/2000/bec), o leitor encontrará um *software* interativo que explica de forma bem clara o que são os BECs.
38. Ketterle, Bose-Einstein Condensation: Identity Crisis for Indistinguishable Particles, in: Evans; Thorndike (Eds.), *Quantum Mechanics at the Crossroad*.

própria matéria podem ser pensadas como compostas de pacotes de ondas. Ou seja, os objetos quânticos apresentam o fenômeno da dualidade, propagando-se como ondas e sendo detectados como partículas. O comprimento de onda de De Broglie é inversamente proporcional à velocidade:

$$\lambda \approx \frac{h}{m.v} \quad (6.4)$$

sendo h a constante de Planck, λ o comprimento de onda, m a massa e v a velocidade (ver Figura 6.7).

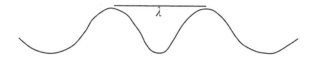

Figura 6.7 – O comprimento de uma onda

A relação entre a energia cinética da partícula e sua energia "termal" é dada por

$$m.v^2 = k.T. \quad (6.5)$$

Sendo T a temperatura e k a constante de Boltzmann (e usando a equação 6.4), temos

$$\lambda \approx (...) \frac{1}{\sqrt{T}}. \quad (6.6)$$

Isso mostra que λ é inversamente proporcional a T.
Desse modo, à medida que a temperatura cai, o comprimento de onda aumenta. A tabela a seguir dá uma ideia do que acontece com T e com λ:

T	λ
ambiente	$10^{-10} m = 1 \text{Å}$
$1 \mu K$	$10^{-6} m = 1 \mu m$
$1 nK = 10^{-9} K$	$30 \mu m$

Conforme a temperatura torna-se "crítica" perto de alguns pico-Kelvins ($1pK = 10^{-10} K$), as funções de onda tornam-se extremamente longas, a tal ponto que elas não podem mais ser seguidas individualmente, e tornam-se algo como uma grande onda, uma "sopa de matéria" (ver Figura 6.8).

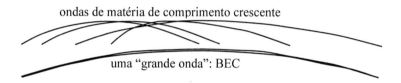

Figura 6.8 – Um BEC. Seus componentes são absolutamente indiscerníveis

A capa da revista *Science* de 22 de dezembro de 1995 festeja a "molécula do ano", um BEC. Naquele ano, os pesquisadores Eric Cornell e Carl Wieman, da Universidade do Colorado, em Boulder, conseguiram sintetizar um BEC, obtendo uma "grande molécula", ou seja, uma situação em que vários componentes (átomos, por exemplo) passam a se comportar como um só, não havendo qualquer diferença entre os objetos que a compõem.

Os dois jovens físicos partilharam com Wolfgang Ketterle o Nobel de 2001. O desenho procura ilustrar como os elementos de um BEC comportam-se em uníssono, sem individualidade. Mas há aqui um problema de natureza matemática: se, como dissemos anteriormente, os *quanta* são excitações de campos, e se campos são objetos matemáticos descritos por funções, usando-se a lógica e a matemática usuais, segue-se que, mesmo se os *quanta* forem, por exemplo, os componentes de um BEC, eles serão *distintos* uns dos outros.

Dito de outra forma, no escopo da lógica e da matemática clássicas, se temos *duas* entidades, elas são *distintas*. Isso se deve à matemática subjacente, digamos ZF, e, como se trata de um ponto pouco destacado na filosofia da física, necessitamos tratar um pouco desse assunto. Com efeito, poder-se-ia dizer que não há distinção física entre as entidades, mas que poderia haver alguma outra forma de elas serem discernidas umas das outras. Para tanto, temos algumas opções: ou assumimos que cada entidade possui alguma forma de *substrato* peculiar, de modo que, mesmo partilhando todas as características com outras, ainda assim seria discernida por esse substrato, ou então haveria alguma *propriedade oculta*, não identificada pelo formalismo, que apenas uma delas possuiria. Como veremos, as duas opções apresentam problemas e não podem ser consideradas pura e simplesmente sem que se faça uma análise mais detalhada de cada caso.

Individualidade e *quanta* aprisionados

Na edição de 25 de março de 2010, a revista *Nature* (p.571) – e, depois dela, muitos outros veículos e artigos – apresentou uma reportagem em que explicava como os cientistas conseguiram identificar "átomos individuais". Tal identificação implicava que tais átomos podem ser considerados como *indivíduos*, entidades que podem ser, inclusive, nomeadas, rotuladas, identificadas como tais e *distintas* de outras entidades, mesmo as de mesma espécie.

Em outras palavras, entidades para as quais a teoria usual da identidade se aplicaria. Para analisarmos essa possibilidade, vamos nos reportar não à reportagem de *Nature*, mas ao trabalho de outro Prêmio Nobel (de 1989), Hans Georg Dehmelt, que venceu o prêmio justamente por seus trabalhos de *aprisionamento* de objetos quânticos.

Em sua autobiografia,[39] Dehmelt falou sobre seu professor Richard Becker: "Em uma de suas aulas de eletricidade e magnetismo, Becker desenhou um ponto no quadro-negro e disse: 'Aqui está um elétron ...' ". Dehmelt comenta isso para explicar que sempre se preocupou com tal frase, perguntando-se como seria possível realizar essa localização em laboratório. Uma das consequências de suas pesquisas, que nos interessa aqui, foi o "aprisionamento" de um pósitron (a antipartícula do elétron) por três meses em uma "armadilha", que chamou de Priscilla. Como afirma Dehmelt,

> Não deve haver quase nenhuma dúvida sobre a identidade de Priscilla durante esse período, uma vez que em vácuo ultraforte ela nunca teve a oportunidade de trocar de lugares com uma antimatéria gêmea vizinha. A identidade bem definida dessa partícula elementar é algo fundamentalmente novo, que merece ser reconhecido por ela ter recebido um nome, da mesma forma como dar nomes de pessoas aos animais de estimação.[40]

De acordo com o físico T. A. Heppenheimer, a escolha de um pósitron por Dehmelt se deveu ao fato de que essas partículas não ocorrem livres na natureza, e assim não haveria possibilidade de Priscilla interagir com outro pósitron.[41] Assim, aparentemente, teríamos realmente um objeto quântico individualizado, que poderia ser identificado em relação a todos os outros, nomeado e, consequentemente, com uma identidade bem definida, uma vez que sempre poderíamos afirmar com segurança que ele é *aquele* pósitron aprisionado no laboratório de Dehmelt e é diferente de

---

39. Ver: http://dehmelt.nobmer.com/1.htm.
40. Dehmelt, Experiment on the Structure of an Individual Elementary Particle, *Science*, New Series, v.247, n.4.942, p.539-45, 1990.
41. Heppenheimer, A Positron Named Priscilla: Trapping and Manipulating Atoms, in: Bartusiak et al. (Eds.). *A Positron Named Priscilla*, p.34-59.

qualquer outro de mesma espécie, pois nenhum outro é ele. Será que isso realmente é assim?

No que se segue, vou argumentar que, não obstante essa aparente situação ser a que de fato ocorre, ela se deve a um mau entendimento dos conceitos básicos envolvidos, e que Priscilla não é o nome de um indivíduo, tal como entendemos neste texto.

Tecnicamente, em laboratório, o aprisionamento de um objeto quântico, como um pósitron, um elétron, um íon, ou outro, se faz de várias formas, algumas delas descritas nos artigos já citados. Uma das maneiras de se considerar teoricamente o que ocorre é imaginar um poço de potencial infinito (*infinitely deep potential well*), ou seja, considerando uma dimensão somente, um intervalo $a < x < b$, no interior do qual o potencial é zero e, nas extremidades e fora delas, é infinito, de forma que o *quanta* aprisionado não possa escapar nem interagir com qualquer outro.[42]

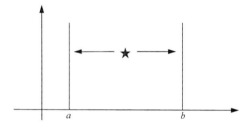

Figura 6.9 – Um poço de potencial infinito. Dentro dele, a partícula pode se mover, mas (teoricamente) não pode sair

A função de onda da partícula pode, então, ser adequadamente normalizada de modo que a probabilidade (dada por $\int_{a}^{b} |\psi|^2 dx$) seja igual à unidade,[43] e a fim de que possamos garantir que, de fato, há algo dentro do poço, descrita pela adequada função de onda ψ.

Suponha então que, após várias tentativas, como deve ter ocorrido, tenhamos Priscilla finalmente em uma armadilha da qual não

---

42. Lévy-Leblond; Balibar, *Quantics*, cap.6.
43. Ibid., p.302.

possa sair nem interagir com outras partículas (se fosse esse o caso, ela entraria em estado de superposição com essas outras e sua individualidade se perderia, como apregoa a mecânica quântica tradicional). Será que temos realmente um indivíduo aprisionado, algo que tenha critérios de identidade bem definidos?[44] Eu quero sustentar que não. Para tanto, vamos supor uma situação um pouco análoga (a razão desse "um pouco" ficará clara na sequência): imaginando os cem Smiths do filme *Matrix Reloaded*, quando o agente Smith se multiplica para atacar o mocinho Neo.

Todos os Smiths são absolutamente indiscerníveis, cópias fiéis uns dos outros, da mesma forma que todos os elétrons, prótons, nêutrons etc. são indiscerníveis, sem que os consideremos como sendo "o mesmo" indivíduo (pelo menos, isso certamente é o que acontece com os *quanta*). Em certo sentido, todos servem para representar o agente Smith.

Se algum deles dá um soco no mocinho, quem feriu Neo? A resposta de Neo aos seus companheiros certamente será: "o agente Smith me feriu", e não que foi o Smith 47, pois qualquer ordenação dos Smiths seria sem sentido. Se, por acaso, Neo aprisionou um dos clones, quem ele prendeu? Bom, aqui é um pouco diferente: ele prendeu um dos Smiths. Qual é a diferença entre *este* Smith e os outros 99 soltos? Tome, por exemplo, um caso concreto, o da combustão do metano, simbolizada por $CH_4 + 2O_2 \rightarrow CO_2 + 2H_2O$, na qual uma molécula de metano reage com duas moléculas de oxigênio gerando dióxido de carbono e vapor d'água.

Como se vê, dos quatro átomos de oxigênio presentes nas duas moléculas do gás oxigênio, dois foram formar o dióxido, os outros dois foram para o vapor d'água. Mas, quais? É indiferente quais dos quatro átomos formam, por exemplo, o dióxido de carbono. Como nesse exemplo, não há nenhuma diferença entre os Smiths, exceto pelo fato de que aquele que está agora na prisão se distingue dos demais 99 que não estão presos. Isso faz do Smith aprisionado um

---

44. Isso pode ser entendido no sentido advogado por Quine, em várias partes de sua obra. Ver Quine, Sobre o que há, in: *Ryle, Strawson, Austin, Quine*.

indivíduo? Isso faz dele um objeto que tenha individualidade, uma identidade bem definida? Suponhamos que o Smith aprisionado fuja, encontre-se com seus clones e que, em outro confronto, Neo prenda novamente um desses clones na mesma cela em que estava o anterior. É ele o Smith anteriormente aprisionado? Obviamente, não há qualquer sentido em sustentar essa tese, porque os Smiths não estão rotulados. Aparentemente, é mais ou menos o que deve ter feito Dehmelt em suas – várias, por certo – experiências, aprisionando vários pósitrons, até ter fixado um e chamado de Priscilla; mas, qual é a diferença entre os vários pósitrons possivelmente aprisionados por Dehmelt e aquele em que concentrou seus estudos? Contrariamente aos átomos de oxigênio ou aos objetos quânticos em geral, objetos macroscópicos poderiam estar rotulados. Suponha uma formiga que estejamos acompanhando visualmente e que entra em seu formigueiro; como saber que, entre as formigas que dele saem, está a "nossa" formiga? Ora, podemos marcar a formiga com um pouco de tinta, o que absolutamente não podemos fazer com elétrons ou outras partículas elementares.

Quanto aos Smiths, se déssemos uma gravata numerada para cada Smith, de 1 a 100, no seu ato de criação ou batismo, aconteceria algo como se marcássemos a nossa formiga com tinta e, desse modo, poderíamos saber se o segundo prisioneiro é ou não idêntico ao primeiro (é o mesmo que vestir gêmeos idênticos com roupas diferentes, para identificá-los mais facilmente, por exemplo). No entanto, Priscilla não pode receber significativamente qualquer rótulo, exceto o de que está na armadilha naquele instante. Schrödinger, há muito tempo, quando ainda não se aprisionavam partículas elementares, apregoou que "não se pode marcar um elétron. Não se pode pintá-lo de vermelho".[45] Retornaremos a essa frase ao final e deixaremos de questionar, como poderia ser lícito, os conceitos de espaço e de tempo que estamos considerando, entendendo-os aqui de forma intuitiva.

---

45. Schrödinger, What is Matter?, *Scientific American*, p.52-7, 1953.

Assim, tendo em vista que Dehmelt provavelmente realizou vários experimentos com pósitrons, por que se fixou naquele particular para chamá-lo de Priscilla? Ora, ele tinha que se fixar em algum deles. Haveria alguma diferença significativa se ele encerrasse suas experiências alguns dias antes e tivesse "outro" pósitron aprisionado para relatar ao mundo? Seria esse "outro" pósitron de um experimento anterior, ainda que realizado sob as mesmas condições, exatamente Priscilla, ou será que o nome Priscilla estava reservado justamente para aquele pósitron, que ficou famoso, obtido naquele dia?

Obviamente, podemos contra-argumentar dizendo que Priscilla é aquele que ficou preso por vários meses, da mesma forma que podemos chamar o clone preso de Smith de Smithão, mas isso somente faz sentido enquanto ele está preso, e faz sentido para nós, que estamos fora da cela e podemos ver que aquele Smith não é qualquer um dos demais que lutam com Neo no momento. Neo, por sua vez, em luta e sem poder contá-los, não pode saber se o Smith aprisionado continua preso ou se escapou de novo e se juntou aos demais e está lutando com ele no momento, exceto se ele puder contá-los. Mesmo assim, se *um* Smith estiver faltando, ele não poderá saber se o Smith aprisionado por ele está na luta ou não: os Smiths são indiscerníveis, e não têm individualidade no sentido usual.

Para saber se o Smith aprisionado continua preso, Neo precisa verificar a prisão e ainda acreditar que não houve qualquer troca do Smith preso por outro Smith, por exemplo. Da mesma forma, para verificar se Priscilla continua preso, Dehmelt tem que se valer de todas as assimetrias de seu laboratório; na verdade, é por causa das assimetrias do mundo que constatamos as diferenças entre as coisas. Porém, ainda que o referido Smith, por estar preso, possa ser distinguido de outros similares justamente por estar preso, ele não tem individualidade, não tem identidade, e o mesmo se pode dizer consistentemente sobre Priscilla ou qualquer outro objeto quântico. Suposições como as da mecânica bohmiana, que associam a cada objeto uma individualidade, deixam em aberto a questão ontológica. Sua "ignorância" (a da individualidade das partículas, que supostamente existe), como temos dito, é de natureza epistemológica apenas.

A crença de que o Smith aprisionado (ou o pósitron Priscilla) *tem identidade* se deve a uma confusão entre individualidade e distinguibilidade, a qual deve ser evitada, como esclareceremos na sequência. Podemos, então, ressaltar o problema do seguinte modo: será que o fato de podermos atribuir um nome, um rótulo, a algo confinado e sem interação com outros faz dele um indivíduo, faz que ele tenha uma identidade? Veremos como podemos esclarecer essa questão, apontando para a ideia de que Priscilla *não é* um indivíduo.

Em suma, apesar de haver aprisionado um pósitron específico, não há qualquer fundamento em dizer, como Dehmelt, que Priscilla tenha uma identidade, ou que seja um indivíduo, exceto como um pressuposto ontológico *a priori*. *Qualquer* pósitron serviria igualmente para sua argumentação, o que, evidentemente, não ocorre com o que usualmente entendemos por *indivíduo*.

Não Indivíduos

Em *Identity in Physics*: a Historical, Philosophical, and Formal Analysis, de French e Krause, é feita uma extensa apresentação histórica da chamada *vista recebida* da não individualidade das partículas elementares, propugnada inicialmente por alguns dos fundadores da mecânica quântica, como Heisenberg, Born, Schrödinger e mesmo Weyl. Para esses autores, como era comum nos primórdios da física quântica, a constatação de que certas partículas não podiam ser individualizadas acarretava que sua individualidade *havia sido perdida*. Essa é, no entanto, apenas uma das possibilidades. Há formulações da mecânica quântica não relativista, como a desenvolvida por David Bohm, que admitem uma ontologia similar à da física clássica, na qual as partículas têm trajetórias bem definidas (posições no espaço a cada instante de tempo), ainda que tais posições sejam "ocultas" (a posição, na mecânica bohmiana, é uma "variável oculta").

Assim, como argumentaremos com mais pormenores no Capítulo 7, a física quântica não nos impinge uma ontologia, mas é compatível com várias delas (isso, aliás, ocorre com qualquer teoria física em princípio). Agora vamos explorar um pouco mais aquela que aceita serem as entidades quânticas *não indivíduos*, termo que procuraremos esclarecer no que se segue. Observe que não estamos sustentando que as entidades quânticas *são* não indivíduos, mas apenas que essa é uma das ontologias possíveis. Claro que não podemos fazer aqui mais do que esboçar um esquema dessa concepção, que se adequa perfeitamente, por exemplo, à situação em que os objetos físicos podem entrar em certos estados (superposição de estados) que em hipótese alguma se pode dizer qual é qual, de forma que não haveria sentido (segundo determinada interpretação) dizer que eles são distintos (caso não sejam *o mesmo* objeto), pois não haveria nada que os diferenciasse (exceto, talvez, a própria concepção ontológica subjacente). Repare que, se levarmos essa concepção ao extremo, assumiremos não se tratar do fato de que não *conseguimos* discerni-los (ignorância epistemológica), mas de que eles seriam (de novo, de acordo com certa interpretação), *em princípio*, indiscerníveis (ontologicamente falando).

Estaremos realmente perante um novo tipo de objeto, como sugerem Lévy-Leblond e Balibar, na obra que já citamos? Se quisermos simplesmente fazer física, dizer por que o mundo é como é (como propõe Weinberg, o que mostramos nas p.142 e 179, a suposição dos *quanta* como indivíduos é suficiente (a mecânica bohmiana apresenta exatamente os mesmos resultados empíricos que a mecânica quântica padrão).

Porém, se relegarmos a possibilidade de distinção a uma questão de cunho epistemológico, como sugere a física clássica, fica no ar a questão ontológica: se assumimos a possibilidade de *não indivíduos*, do que estamos realmente falando, qual linguagem devemos utilizar para essas entidades? Um fato historicamente relevante é apontar para a origem da expressão *não indivíduo*, que remonta aos primeiros proponentes da teoria quântica, como dissemos anteriormente. Isso, no entanto, não significa que estamos na presença de entidades etéreas (pelo menos, até o momento não foi provado nada nesse sentido).

Aparentemente, os objetos quânticos têm alguma forma de realidade, como se tem comprovado experimentalmente; os *quanta* postulados por uma teoria com características matemáticas têm sido encontrados, como supostamente ocorreu com a partícula ômega-menos e o bóson de Higgs, entre outros. Recordemos que, no final do século XIX, físicos como Ernst Mach chegaram a sustentar sua total descrença na existência de átomos, para depois se converterem à sua existência, devido aos fatos experimentais.[46]

Não indivíduos podem ser pensados como entidades que têm as seguintes características:

(i) Podem ser agregados em certas quantidades (coleções) – da mesma forma que indivíduos igualmente podem, e essas coleções geralmente têm um cardinal, que expressa a quantidade de objetos que contêm.
(ii) Podem ter propriedades ou entrar em relações com outras entidades – igual aos indivíduos.
(iii) Apresentam-se como separados em *espécies*, como os objetos quânticos podem ser elétrons, *quarks* etc., tal como os indivíduos.
(iv) Contrariamente aos indivíduos, os não indivíduos não têm identidade numérica, que usualmente é expressa por meio de um nome ou por um designador rígido (na acepção de Kripke). Ou seja, ainda que momentaneamente possamos nos referir a um não indivíduo como Pedro ou Paulo, essa identificação é efêmera, pois, uma vez que eles se misturem (os *quanta* entrem em um estado emaranhado), não poderemos mais saber qual é Pedro ou Paulo.

---

46. Ver a discussão em Blackmore, *Ernst Mach*, cap.3.

É importante estabelecer aqui uma distinção fundamental: na física clássica, também podemos encontrar situações em que as distinções não são possíveis, mas esse tipo de impossibilidade é, de acordo com a ontologia subjacente, de cunho epistemológico, contrariamente ao que ocorre com os não indivíduos, que apontam para uma impossibilidade ontológica de distinção. Em se tratando de ontologia, é uma situação completamente nova. Os indivíduos *retêm sua individualidade em determinado contexto*. Não indivíduos também podem ser "individualizados" em certas situações, como o exemplo atribuído a Dehmelt mostrou, mas o problema é que eles não podem ser *reidentificados* como tais, esta é a diferença, *eles não mantêm – por não possuírem – a sua identidade*.[47]

Essa característica de podermos "individualizar" um não indivíduo em certas situações foi chamada, por Toraldo di Francia, de *mock individuality*.[48] No entanto, não devemos fazer inferências precipitadas: o fato de termos um não indivíduo "sozinho" em uma situação não faz dele um indivíduo (na acepção ontológica usual), pois, se assim fosse, ele deveria manter sua individualidade mesmo depois de se misturar com outros similares, pois sua identidade estaria garantida, *em princípio*, pela perspectiva ontológica assumida.

(v) Não indivíduos não são *extensionais*, no sentido de que, se temos uma coleção de não indivíduos de uma espécie e sob certas condições, isso nos permita afirmar que eles podem ser *absolutamente indiscerníveis*.[49] Qualquer troca ou permutação de um não indivíduo da coleção por qual-

---

47. O que mostra a dificuldade com a terminologia, que tem raízes históricas; talvez devêssemos denominá-los de *indivíduos sem identidade* simplesmente.
48. Ver French; Krause, *Identity in Physics*.
49. Ainda que sejam da mesma espécie, como elétrons, não indivíduos podem ser momentaneamente discernidos. Mas essa individualidade, insistamos, é uma *mock* individualidade.

quer outro da mesma espécie deixa a coleção inalterada, indistinguível da original. Claro que essa característica faz que as coleções de não indivíduos não possam satisfazer o axioma da extensionalidade das teorias usuais de conjuntos.

Esse último item pode ser exemplificado pelos compostos químicos, como já sabemos, bem como por uma interpretação plausível dos objetos quânticos mais elementares. Como expressar essa não individualidade? Formalmente, para pensarmos em coleções de objetos que não possuem individualidade, podemos pensar em recorrer a uma teoria *intencional* de conjuntos,[50] desde que não envolva o axioma da extensionalidade.[51] No entanto, as teorias intensionais de conjuntos (há várias delas), como a teoria ZFM, não suplantam o problema aqui levantado. Vamos ser um pouco mais claros nesse pormenor.[52] Suponha ZFM, que é formulada tendo por base o sistema modal quantificado S4 sem identidade, mas com um predicado binário primitivo η de sorte que a fórmula $x\eta y$ significa que x tem a propriedade y (em teorias intensionais, os elementos do domínio são, em geral, pensados como sendo propriedades, e não conjuntos, como nas teorias extensionais). A relação de pertinência $\in$ é deixada para denotar a usual relação extensional, de forma que ZF possa ser interpretada em ZFM. Entre os axiomas da lógica subjacente, destaca-se o seguinte:

---

50. Na teoria dos conjuntos, costuma-se utilizar a palavra *intensional*, com *s*, em distinção a *extensional*, que se usa quando vale o axioma da extensionalidade.
51. O leitor interessado pode ver, por exemplo, Dalla Chiara, An Approach to Intensional Semantics, *Synthese*, n.73, p.479-96, 1987, voltada para a física quântica, ou Goodman, A Genuinely Intensional Set Theory, in: Shapiro (Ed.), *Intensional Mathematics*, que apresenta a teoria ZFM – Zermelo-Fraenkel Modal.
52. O leitor que achar conveniente e não estiver habituado com certos tecnicismos, pode pular essa discussão.

(Extensionalidade Modal) $\Box \forall z \, (z\eta x \leftrightarrow z\eta y) \wedge x\eta u \to y\eta u$

Tendo em vista esse axioma, Goodman define uma relação de *identidade intensional*, $x \equiv y$ da seguinte forma:

$$x \equiv y := \Box \forall z \, (z\eta x \leftrightarrow z\eta y).$$

A partir dessa definição, prova que

(1) $x \equiv y \to \Box(x \equiv y)$,
(2) $x \equiv x$,
(3) $x \equiv y \wedge \phi(x) \to \phi(y)$ (com as restrições usuais).

Os dois últimos teoremas são a reflexividade e a substitutividade da definida relação de identidade intensional. Isso faz que objetos intensionalmente idênticos possuam as mesmas propriedades (como resulta de (3)). Certamente, não é isso que se espera de entidades quânticas. Seria interessante desenvolver a teoria ZFM de modo a que se conformasse à física quântica, captando, dessa forma, a intuição de Dalla Chiara e Toraldo di Francia, segundo os quais a microfísica é "um mundo de intensões".[53] Dalla Chiara, como já citado, desenvolveu outra teoria intensional de conjuntos, mas, pelo que sabemos, seus aportes não foram posteriormente investigados. Fica a sugestão.

A linguagem e os objetivos do físico

Retomaremos aqui várias noções já mencionadas anteriormente, porém sob uma nova ótica. Vimos antes que a física de hoje lida com uma grande variedade de entidades que são denominadas de "partículas elementares". Apesar do nome, elas nada têm de

---

53. Dalla Chiara; Toraldo di Francia, in: Corsi et al. (Eds.), *Bridging the Gap*, p.261-83.

partículas, que nossa imagem intuitiva associa a uma pequena bolinha, ou a um corpo minúsculo (como pensavam os antigos atomistas gregos, como Leucipo e Demócrito), e, em geral, nem de elementares, cujo termo originalmente visava designar as entidades mais básicas da matéria, que não podiam ser decompostas em outras ainda mais elementares.

Hoje, prótons, por exemplo, são "partículas elementares" no sentido de serem tratadas pela física de partículas, apesar de serem formados por *quarks* (que não se sabe ainda se são ou não compostos). O físico trata dessas entidades na chamada física de partículas, elabora experimentos em que essas "partículas" colidem a grandes velocidades. As teorias as descrevem por meio de propriedades, lidam com elas como se existissem de fato, apesar de que, muitas vezes, não haja qualquer evidência experimental de sua real existência. Algumas entidades básicas supostas pelas teorias físicas não podem ser acessadas diretamente, mas apenas por meios indiretos. Por uma série de motivos que têm tido cada vez mais comprovações experimentais, os *objetos quânticos* não podem ser concebidos mais como entidades que existam em perfeito isolamento. A natureza ontológica dessas entidades é um dos temas candentes na presente filosofia da física.

O que o físico então quer dizer quando assevera, por exemplo, que "existe uma partícula elementar com essa ou aquela propriedade"? Será que ele está formulando uma questão de natureza ontológica, cuja resposta depende do seu conhecimento a respeito da natureza da entidade elementar sobre a qual indaga? Ou seja, será que o físico necessita conhecer os objetos físicos como entes enquanto entes para "fazer física"?

Claro que isso é o que nossa concepção informal da ciência parece indicar. A rigor, no entanto, tendo em vista a física de hoje, podemos sustentar que definitivamente esse não é o caso. A física de hoje não se ocupa propriamente de ontologia, e não depende de que se conheça (no sentido tradicional) a verdadeira natureza das entidades com as quais lida. Essa "natureza" é descrita pela teoria adotada, como veremos a seguir.

Aliás, a preocupação com a natureza última da realidade parece que foi deixada de lado pela ciência já a partir dos séculos XVI e XVII. Não que o físico não se ocupe em desvendar a natureza do mundo. Acontece que isso é uma consequência de suas suposições teóricas, e não seu assunto fundamental. Como sustentou o laureado com o Nobel em Física (em 1979), Steven Weinberg, contrariando a preocupação ontológica clássica, o físico de hoje está mais ocupado em explicar por que o mundo funciona do modo como funciona, e não propriamente em desvendar a natureza das coisas.[54, 55]

Com efeito, uma grande revolução em ciência ocorreu quando os cientistas deixaram de se preocupar com a natureza das entidades, passando a se importar com o seu comportamento. Na Antiguidade e até uma época bem avançada na Idade Média, a ocupação do cientista (ou filósofo) era sobre as coisas propriamente. Tanto que o título do célebre trabalho de Lucrécio (c. 99-55 a.C.) era *De Rerum Natura* (*Sobre a natureza das coisas*) – uma excelente exposição do assunto e de suas implicações na ciência atual é o livro de Toraldo di Francia.[56] Vejamos alguns exemplos mais recentes. Na época do grande matemático Joseph Fourier (1768-1830), havia uma preocupação enorme, já presente na Antiguidade, com a natureza do calor: o que causava o calor, que em especial sustenta a vida humana?

Recordemos que Hipócrates, em cerca de 460 a.C., conjeturou que "o calor, que serve para animar [os seres vivos], deriva de um fogo interno localizado no ventrículo esquerdo". Explicações como essa não eram incomuns. A importância de mencionar Fourier não é um acaso. Teorias como a do flogisto, segundo a qual os corpos

---

54. Weinberg, *Dreams of a Final Theory*, p.175.
55. A frase de Weinberg é a seguinte: "Once again I repeat: the aim of physics at its most fundamental level is not just to describe the world but to explain why it is the way it is".
56. Toraldo di Francia, *Le cose e i loro nomi*.

continham uma substância (o flogisto) que era liberada quando queimavam, foram abandonadas, e Fourier simplesmente desconsiderou a natureza do calor em prol de uma análise de seu comportamento. Ou seja, ele não se ocupou de explicar a natureza do calor, mas, partindo da suposição de que o calor existe, tratou de considerar como ele se propagava. A teoria resultante constituiu uma das mais notáveis conquistas da matemática, dando origem ao que hoje se chama de Análise de Fourier, que, além de sua grande beleza intrínseca (para quem gosta de matemática), é parte essencial da matemática aplicada.

Da mesma forma, Isaac Newton não se preocupou com o que fazia os corpos se movimentarem, ou seja, com a natureza do movimento. Simplesmente assumiu que os corpos se movimentam (sob a ação de forças) e ocupou-se com as taxas de variação da velocidade dos corpos, a sua aceleração. Como se sabe, uma das leis básicas da física de Newton é a equação $\mathbf{F} = m\mathbf{a}$, em que $\mathbf{F}$ é a força aplicada a um corpo de massa m, e $\mathbf{a}$ é a sua aceleração (*força* e *aceleração* são grandezas vetoriais). Albert Einstein, na mesma linha, não questionou por que a luz é de tal natureza que tem velocidade constante em todos os referenciais inerciais: simplesmente assumiu tal fato como um dos princípios básicos da teoria da relatividade restrita. Em outras palavras, a natureza das entidades passou a ser algo a ser questionado em segundo plano, se é que há um plano que lhes caiba. Se acreditarmos em Weinberg, supostamente não há. Isso certamente não contenta os filósofos ocupados com a ontologia, e acho que eles têm razão.

Salientemos então que a física de hoje supõe a existência de entidades que não têm comprovação experimental, como cordas, supercordas, membranas e p-branas (membranas em espaços e dimensão p). Em geral, essa suposição vem de necessidades matemáticas da aparente coerência das teorias consideradas, e surpreendentemente a experiência tem comprovado (*a posteriori*) as consequências dessas suposições (ainda que não possamos garantir que isso continuará no futuro). De fato, como vimos, algumas das partículas elementares foram descobertas experimentalmente somente bem depois de suas características terem sido previstas teoricamente.

De acordo com o que aprendemos anteriormente sobre Quine e outros, as partículas elementares como os *quarks* existem se e somente se o mundo físico, que certamente existe, for formado também por *quarks*, ou seja, se a teoria que envolve *quarks* for verdadeira. O conceito de "verdade", aqui, no entanto, pode não significar exatamente concordância, ou correspondência (direta) com as observações, como quando dizemos que "A sentença 'O carro que transporta o presidente da República se desloca a 60 km/h' é verdadeira", pois, nesse caso, podemos simplesmente conferir sua velocidade. Muitas vezes, a veracidade de uma suposição ou teoria advém de suas consequências, que podem ser de alguma forma conferidas experimentalmente, ainda que a própria suposição ou teoria não o possa. É assim com grande parte das teorias físicas atuais. Parece que o procedimento em ciência se conforma à célebre frase de Charles Sanders Peirce, segundo a qual a concepção de um objeto depende dos efeitos práticos que dele advêm.[57]

A teoria das cordas, como comentado anteriormente, admite que a ontologia básica do mundo é composta de "cordas" (*strings*) que podem ser abertas ou fechadas e que têm um comprimento na chamada escala de Planck (cerca de 10^{-33} cm). Conforme vimos, não há ainda como verificar se há, de fato, entidades desse tamanho, ou se as cordas existem realmente, pois não alcançamos ainda condições experimentais para pesquisar entidades nessa escala. Isso não importa ao físico. Como disse Weinberg, o que é relevante é que, com essa suposição, chega-se uma teoria (na verdade, a várias delas) que responde satisfatoriamente às indagações do físico (ainda que apresente, geralmente, vários problemas de caráter

---

57. O verbete "Pragmatic theory of truth" da Wikipedia fornece uma indicação das ideias de Peirce a esse respeito e mais referências. A célebre frase de Peirce é seguinte: "Consider what effects that might conceivably have practical bearings you conceive the objects of your conception to have. Then, your conception of those effects is the whole of your conception of the object" (Peirce, How to Make our Ideas Clear, *Popular Science Monthly*, n.12, p.286-302, 1878).

matemático e lógico). Essas entidades existem para as finalidades da teoria considerada ou, pelo menos, tudo se passa como se elas existissem de fato.

Na verdade, as teorias físicas (e do mesmo modo as de outras áreas) são elaboradas como idealizações. Fazemos com as teorias o mesmo que fazemos quando lemos um livro, concentrando-nos em alguns de seus aspectos e propositadamente (ou inconscientemente) fazemos vista grossa a muitos outros, como (no caso do livro) que ele é composto por células orgânicas mortas, com intrincadas estruturas vegetais, que essas células são formadas por moléculas, que são compostas por átomos etc. Da mesma forma, em nossas teorias, fazemos uma simplificação enorme de nosso contorno, muitas vezes introduzindo elementos idealizados que não têm (pelo que se sabe) correspondente na realidade (como conjuntos infinitos, objetos matemáticos em geral e objetos isolados – já que não há objeto físico perfeitamente isolado).

Quine afirma que uma teoria se compromete unicamente com aquelas entidades às quais as variáveis da teoria se referem, a fim de que as sentenças quantificadas da teoria sejam verdadeiras. No entanto, como tal argumentação procura mostrar, muitas vezes não nos referimos, por meio de nossas teorias, àquilo que existe no mundo físico, mas às coisas que devemos admitir a fim de que as teorias sejam verdadeiras. Assim, pode ser que não sejam as entidades que supomos que devam existir, mas o que resulta dessas suposições (recorde-se a referência a Peirce feita anteriormente).

Desse modo, quando o físico diz que uma partícula elementar resulta de um particular modo de vibração de uma corda (como ocorre com as teorias de cordas), podemos tomar essa afirmação como acertada, mesmo que essas cordas não existam de fato. A sua existência fica delimitada ao âmbito da teoria, e tudo se passa como se elas de fato existissem.

Em outras palavras, o comprometimento ontológico deixa de ser absoluto (da realidade como ela é, ou deve ser) para se tornar relativo (a uma teoria). No entanto, para que possamos continuar a usar a concepção de Quine, quando ele diz que "os valores pretendidos das variáveis de uma teoria são apenas aqueles que a teoria admite, e não aquilo que realmente há, a não ser que a teoria por acaso seja verdadeira", temos que flexibilizar o conceito de verdade, que já não pode mais ser correspondencial, pois isso implicaria que as cordas, por exemplo, teriam que existir de fato. O conceito de verdade que melhor parece se adaptar às teorias físicas, porém, não será tratado neste texto, e é denominado de *quase-verdade*.[58]

Com efeito, em física, quando se faz asserções existenciais, dificilmente utilizam-se termos singulares (como nomes ou descrições definidas, em contraste com os termos gerais). Dalla Chiara e Toraldo di Francia[59] sugerem que, quando o físico diz que "existe um elétron assim e assim", ele não está ocupado em especificar um particular elétron, mas sim um objeto de certo tipo, pertencente a uma classe de entidades similares (indiscerníveis), no caso, elétrons.

Na verdade, em se tratando de elétrons (e o mesmo se dá com as demais entidades básicas da física), é certo que em certas situações tanto faz se é este ou aquele elétron que desempenha certo papel, posto que qualquer elétron, de certo modo, serve para todos os propósitos físicos, o que não ocorre com os objetos usuais (como usualmente se supõe – por exemplo, quando o craque de um time de futebol se machuca, não é "qualquer outro" jogador que pode substituí-lo, como acontece com elétrons). Isso, no entanto, acontece até mesmo na física clássica, pois resultados de medida podem se manter inalterados quando, por exemplo, uma partícula é substituída por outra de mesma massa e carga elétrica. No entanto, essas partículas mantêm, na mecânica clássica, uma "identidade intrínseca", e a capacidade de distinção das situações deve ser tomada em sentido epistemológico apenas.

Isso parece sugerir que, na física de hoje, não haveria lugar para termos singulares, em particular para nomes próprios (esses

---

58. O leitor interessado pode ver da Costa, *O conhecimento científico*, cap.3; da Costa; French, *Science and Partial Truth*.
59. Dalla Chiara; Toraldo di Francia, *Le teorie fisiche*, p.118.

autores sugerem que a microfísica é "um mundo do anonimato").[60] Para eles, "os físicos, salvo em casos excepcionais, [...] fazem naturalmente a operação de eliminação dos termos singulares proposta por Quine".[61] No entanto, essa afirmativa deve ser considerada com cuidado. Suponha que um físico quântico está trabalhando com um átomo neutro, digamos de lítio ($1s^2 2s^2 2p^6 3s^1$), que tem um elétron em sua camada de valência (a camada mais externa), e deseja ionizá-lo para obter um íon positivo. O físico sabe perfeitamente bem qual quantidade de energia deve utilizar para desprender aquele elétron que está na camada mais externa. Ele se refere, ainda que metalinguisticamente, àquele elétron, e não a outro qualquer.

Aparentemente, ele faz uso de uma descrição definida: "o elétron que está na camada mais externa". Portanto, há o discurso sobre um elétron particular (ou sobre uma partícula qualquer em certa situação, se generalizarmos). No entanto, os autores italianos parecem ter razão em sustentar que não há algo como nomes próprios que façam sentido nesse domínio.

O que há então? Pode haver descrições definidas nesses contextos? Suponha, para usarmos os conhecimentos adquiridos nos capítulos precedentes, que formemos a descrição "o elétron da camada mais externa" (referindo-nos ao átomo de lítio), e representemos isso por $\exists x E(x)$, como já estamos acostumados a fazer. De acordo com a teoria das descrições de Russell, essa expressão significa, na realidade,

$$\exists x(E(x) \wedge \forall y(E(y) \to y = x)),$$

ou seja, faz-se uso essencial da identidade, em que $E(x)$ significa que x está na camada mais externa. Mas, se elétrons fazem parte do mundo do anonimato, isto é, se não podemos (assuma isso por um momento) identificá-los mesmo em princípio, o conceito de

---

60. Ibid.
61. Ibid.

identidade não deveria fazer sentido nesse mundo. Com efeito, é uma das consequências da teoria tradicional da identidade (que estamos supondo implicitamente) que a obediência a essa teoria leva à individuação (mesmo em princípio). Como, então, coadunar esse problema com o discurso do físico?

Creio que podemos solucionar o problema introduzindo um novo conceito, que denominarei "descrição quântica" e funcionaria assim (para os detalhes técnicos, será necessário introduzir a teoria de quase-conjuntos, o que não faremos aqui):[62] sem rigor, escreveremos $\kappa x E(x)$ para designar "o *quanta* assim e assim", sendo κ o *descritor quântico*. No entanto, parafraseando em uma "linguagem regimentada", digamos de primeira ordem, não deveríamos fazer uso da identidade, já que supostamente não podemos identificá-lo. Precisamos, então, "pescar" o *quanta* formalmente; como não podemos (em princípio) individualizá-lo, devemos nos contentar com a troca do objeto pelas suas propriedades, algo como em Quine, quando ele muda de uma ontologia para uma ideologia. Uma alternativa poderia ser a teoria ZFM, dizendo que $\kappa x E(x)$ abrevia

$$\exists x(E(x) \land \forall y(E(y) \to y \equiv x)),$$

em que $\equiv$ é a identidade intensional definida na p.177.

Intuitivamente, isso significaria que existe um objeto satisfazendo o predicado E (digamos, ser o elétron mais externo do átomo de lítio mencionado), e qualquer "outro" elétron intensionalmente idêntico a ele poderia ser considerado da mesma maneira. Não acreditamos que essa seja a melhor solução pelo que já se falou sobre a teoria ZFM; voltaremos a esse ponto no Capítulo 7.

---

[62] A teoria de quase-conjuntos é uma teoria elaborada para tratar de coleções de objetos que podem ser indiscerníveis sem que sejam o mesmo objeto, como resulta da teoria da identidade usual. Nessa teoria, há uma relação mais fraca de indiscernibilidade apenas. Ver French; Krause, *Identity in Physics*; Id., Remarks on the Theory of Quasi-Sets, *Studia Logica*, v.95, n.1-2, p.101-24, 2010.

Teorias de substrato e teorias de pacotes

Quando falamos informalmente que certo objeto tem individualidade (ou "identidade"), como "a minha caneta preferida", o que queremos dizer com isso? Ou seja, o que confere individualidade à "minha caneta"? Em geral, tendemos a dizer que ela pode ser discernida de qualquer outro objeto, e que (em princípio) eu a reconheceria em qualquer lugar como sendo "minha caneta" pelas suas peculiaridades que me são bem conhecidas.

No entanto, como tem sido discutido à exaustão em filosofia, discernibilidade não deve ser confundida com individualidade, pois podemos imaginar um mundo possível composto por um só indivíduo, que apesar de não poder ser discernido de nada (já que não há outros objetos), tem individualidade (em sentido intuitivo). Isso pode parecer estranho, mas o argumento é filosoficamente sensato. Uma das soluções para a individualidade é postular que todos os objetos têm um *quid*, algo que lhes é inerente, não é uma propriedade e confere individualidade. Algo "para além das suas propriedades", que lhe conferiria o que Heinz Post denominou de *individualidade transcendental*.[63]

Dessa forma, uma pessoa, apesar de mudar suas características ao longo da vida, permaneceria "sendo ela mesma" devido ao seu *quid*, algo em que as propriedades são "ancoradas". Como é sustentado por diversos autores, entre os quais da Costa,[64] crenças como essa estão na origem das leis lógicas (pelo menos da lógica clássica).

Porém, já que esse substrato não se reduz a propriedades, ficamos em uma posição muito desconfortável se nos pedirem para explicar o que é esse *quid*. Poderíamos talvez dizer que, assumindo isso, estaremos levando nossa metafísica longe demais (mas isso é, com efeito, discutível).

A outra alternativa é assumir que a individualidade de um objeto ou indivíduo é dada por uma propriedade ou por uma coleção de

---

63. Ver French; Krause, *Identity in Physics*.
64. Da Costa, *Ensaio sobre os fundamentos da lógica*.

propriedades. Essa parece ser a visão preferida por filósofos e físicos. Para a física, um elétron (o mesmo se dá com as demais partículas) é a conjunção de determinadas propriedades, como ter certa massa ou carga elétrica, poder assumir certos valores apenas quanto ao seu *spin* etc. Porém, sob essa ótica, todos os elétrons têm as mesmas características, e se essas são *todas* as suas propriedades e se estiver valendo a teoria da identidade usual, isso redunda em que deveriam ser o mesmo objeto, como resulta da validade do princípio da identidade dos indiscerníveis (PII), nosso velho conhecido.

Ademais, parece que temos de assumir que os *quanta* e os elétrons já tenham que possuir suas propriedades de antemão, e isso é discutível; como vimos anteriormente, há interpretações da mecânica quântica que aceitam que determinadas propriedades existam unicamente após algumas medidas terem sido realizadas. Na verdade, o que está em jogo é o próprio conceito de propriedade, mas essa discussão extrapola os objetivos deste livro. Mas adiantamos algo a mais. É um pressuposto da ontologia apropriada à mecânica clássica que, dada uma coleção de propriedades de um certo objeto, elas têm valores determinados a qualquer tempo, ainda que, por limitações nossas, não possamos eventualmente saber que valores são esses. No caso quântico, há certos resultados, como o célebre teorema de Kochen e Specker, que impedem que, em certas situações, qualquer conjunto de propriedades possua valores simultâneos. Assim, há uma diferença fundamental entre essas duas concepções físicas.

Assim, se queremos ter pluralidade de objetos não individuais com as mesmas características, parece que devemos rejeitar o PII. Será isso mesmo? O debate da validade do princípio é ainda tão atual como em 1952, quando Max Black publicou um artigo que se tornou célebre,[65] no qual apresenta um argumento que contestaria a validade do princípio de Leibniz.

Em especial na física quântica, o debate tem sido constantemente retomado, em virtude de que, como vimos, os *quanta* (nessa

---

65. Black, The Identity of Indiscernibles, *Mind*, n.61, p.153-64, 1952.

interpretação) aparentemente violariam o referido princípio.[66] A questão ainda é debatida e não há consenso.

Em suma, o problema da ontologia, ou das ontologias associadas à física quântica, está longe de poder receber um tratamento uniforme ou mesmo inteligível. Muito ainda há que se falar a respeito, mas é certo que o assunto despertará o interesse dos filósofos da física ainda por muito tempo.

Observações sobre o espaço e o tempo

Logo no início, dissemos que os objetos físicos estão imersos no espaço-tempo, e como tal devem ser considerados em questões de ontologia.

No entanto, no que concerne aos objetos quânticos, como no nível do núcleo dos átomos, a questão suscita dúvidas e tem havido muita discussão na literatura, notadamente devido ao fato de que, nas dimensões da escala de Planck, conceitos quânticos e relativistas devem ser mesclados, e as noções de espaço e de tempo, conjectura-se, não seriam exatamente aquelas que são utilizadas em outros contextos, se é que elas fazem algum sentido nesse domínio. Assim "separação" espacial poderia não se aplicar como uma alternativa para fornecer às entidades uma individualidade.

Agora, vamos procurar esclarecer ao menos superficialmente a questão, mais apontando para as dificuldades que há do que oferecendo soluções. Ressaltamos que a literatura presente é generosa com essa discussão.[67]

---

66. Ver French; Krause, *Identity in Physics*, para a história e a filosofia relacionadas, inclusive sobre o resultado de Black.
67. Alguns textos que dão um tratamento moderno ao tema são: Penrose, *The Road to Reality*, cap.17; Norton, The Hole Argument, *The Stanford Encyclopedia of Philosophy*; Butterfield, *On Time in Quantum Physics*; Rundle, *Time, Space, and Metaphysics*; Laurent, *Introduction to Spacetime*; Rovelli, The Disappearance of Space and Time, in: Dieks (Ed.), *Philosophy and Foundations of Physics*. v.1: The Ontology of Spacetime.

É bem conhecida e citada a frase de Santo Agostinho: "O que, então, é o tempo? Se ninguém me pergunta, eu sei; mas se eu quiser explicar a quem me pergunta, eu não sei".[68] Aparentemente, ele tem razão, pois há uma grande dificuldade em se explicar muitos dos conceitos que intuitivamente compreendemos muito bem (pelo menos assim tendemos a pensar).

Roger Penrose[69] menciona a concepção de espaço e de tempo presentes na *Física* de Aristóteles; segundo ele, o espaço seria como uma tela de cinema, com seus pontos fixos e mantendo sua identidade, independentemente do que seja projetado sobre ela, ou seja, independente do passar do tempo e dos eventos.

Essa ideia de que o espaço é como um palco no qual a peça do desenrolar dos eventos no tempo é encenada, não tendo nada a ver com a peça (assim como o tempo, que seria simplesmente algo que flui), sedimentou-se em nossa cultura ocidental, talvez pela própria influência aristotélica e pelo fato de a Igreja católica ter assumido essas concepções.

A concepção de espaço e tempo dessa maneira, ou seja, como independentes dos eventos físicos, foi assumida por Isaac Newton e é dita ser a concepção de espaço e tempo *absolutos*, moldando-se à ideia intuitiva que temos desses conceitos. Com efeito, se estamos no aeroporto esperando alguém que viaja da Europa para o Brasil em um jato a cerca de 900 km/h, podemos ajustar nosso relógio com o do viajante, quando do início da viagem, de modo que eles coincidam quando nos encontrarmos, e nosso viajante se desloca de lá para cá como se sua origem e destino estivessem fixamente localizados como os pontos da tela de cinema de Penrose.

Ninguém parece duvidar disso, com a possível exceção de físicos e filósofos (e obviamente de pessoas com um pouco de instrução científica).[70]

---

68. Ver: http://www.harpers.org/archive/2009/03/hbc-90004443.
69. Penrose, *Road to Reality*.
70. Cabe observar que a relatividade restrita afirma que o relógio do nosso viajante deveria atrasar relativamente ao nosso, ou seja, o tempo passaria mais devagar

Houve uma célebre discussão entre Newton, que defendia o espaço e o tempo absolutos, com Leibniz. Newton era representado nessa polêmica por seu discípulo Samuel Clarke. Leibniz sustentava uma posição diferente, apregoando que espaço e tempo são relativos (porém em um sentido distinto da forma defendida pela relatividade restrita), constituindo "certa ordem das coisas", uma "ordem da existência das coisas notada na simultaneidade delas", que não existem independentemente das coisas ou, como diz, "fora do universo material".

Espaço e tempo, para Leibniz, dependem (são relativos) das coisas; o espaço é feito das relações entre objetos, e não pode existir na ausência destes.

Da mesma forma, isso acontece com o tempo, e não pode haver tempo anterior ao primeiro evento.[71]

A mecânica quântica não relativista (que não envolve conceitos da relatividade restrita – ninguém sabe ao certo como mesclar a mecânica quântica com a relatividade geral, como já dito) incorpora espaço e tempo no sentido newtoniano, absolutos. Assim, assemelha-se à física clássica. No entanto, quando passamos para a mecânica quântica relativista (teorias quânticas de campos), espaço e tempo não são mais absolutos, mas entra em cena um conceito novo, o de *espaço-tempo*; as duas coisas são fundidas em um só conceito, não havendo mais separação entre eles, sendo tratados em uma geometria a quatro dimensões (*grosso modo*, no espaço euclidiano a quatro dimensões). Se formos considerar a relatividade geral, os conceitos são ainda tratados de outra forma (bem mais complicada); isso mostra que o que vêm a ser espaço e tempo (ou espaço-tempo) depende da teoria considerada e, portanto, tendo em vista a nossa concepção de ontologia como relativizada a uma teoria, isso tem fundamental importância em ontologia.

---

para ele – por pouco que seja, como comprovado experimentalmente em 1971; esses efeitos seriam mais evidentes para velocidades próximas à da luz.

71. A discussão entre Leibniz e Clarke, ou Newton, encontra-se em Leibniz, Correspondência com Clarke, in: *Newton & Leibniz* (I); para mais detalhes, ver Rundle, *Time, Space, and Metaphysics*, cap.1.

Essas considerações têm de ser levadas em conta com respeito aos objetos físicos que nos cercam; se, em ontologia, perguntamos "O que há?", como fez Quine, ou se queremos falar das várias espécies de ser, como na antiga concepção aristotélica, devemos certamente levar nossa indagação mais a fundo e questionar a estrutura espaçotemporal em que esses *seres* estão inseridos.

Com efeito, como mencionamos no início sobre o efeito Unruh (p.18), "aquilo que há" pode depender do estado do observador. O problema mais grave (como se isso já não trouxesse dificuldades suficientes) ocorre quando consideramos questões quânticas, por exemplo no nível do núcleo atômico. Nessa escala, há quem sugira que as próprias noções de espaço e tempo, como entendidas anteriormente, não fariam sentido, ou simplesmente não existiriam,[72] e em particular teríamos de estudar o que isso significaria para as questões ontológicas. Como já abordamos, na física quântica, dois fenômenos são essenciais e de certa forma a caracterizam: a superposição e o emaranhamento (*entanglement*).[73]

O primeiro pode ser assim explicado (com todo o risco que uma explanação breve de um conceito como esse pode acarretar): certos sistemas físicos podem estar em "superposição de estados", como exemplifica o caso do interferômetro Mach-Zehnder. Previamente à chegada do feixe (ou do que quer que seja) no aparato, a partícula, como um fóton, encontra-se em uma superposição de estados que indica os dois caminhos possíveis (rever a seção "Estranhezas quânticas"), ou então o gato de Schrödinger,[74] que, antes da abertura da caixa onde está, encontra-se em superposição de dois estados, "gato vivo" e "gato morto". O emaranhamento se refere a algo diferente; são agora dois sistemas que, uma vez tendo

---

72. Ver Rovelli, The Disappearance of Space and Time, in: Dieks (Ed.), *Philosophy and Foundations of Physics*. v.1: The Ontology of Spacetime.
73. O leitor interessado em mais detalhes sobre emaranhamento pode consultar o belo livro expositivo de Aczel, *Entanglement*.
74. Ibid.

interagido,[75] encaminham-se para regiões diferentes (podendo estar muito afastados, inclusive anos-luz de distância), encontram-se ainda *correlacionados*, de modo que as propriedades de um deles determinam as do outro – medindo-se uma propriedade de um deles, por exemplo, a direção de uma polarização, sabe-se de imediato, por uma "ação fantasmagórica à distância", como dizia Einstein, qual é a propriedade correspondente do outro, mesmo sem medi-la.

Esse estranho fato, que os físicos chamam de *não localidade*, é comprovado experimentalmente e faz parte essencial dos experimentos desenvolvidos neste século. As teorias quânticas de campos, no entanto, que, por assim dizer, mesclam a mecânica quântica com a relatividade restrita, são *locais* no sentido de que seus observáveis são associados a certa região do espaço-tempo (descrito matematicamente por uma determinada entidade adequada, que os matemáticos denominam de variedade diferencial métrica), de forma que as operações podem ser consideradas como sendo realizadas dentro de uma região do espaço-tempo.

Assim, podemos medir uma propriedade de um objeto físico sem alterar a do outro "instantaneamente", pois qualquer efeito somente poderá ser sentido pelo segundo objeto após determinado tempo, ou seja, o necessário para que certa informação sobre o que foi feito possa chegar até ele, e a velocidade máxima, conforme a teoria, não pode ultrapassar a velocidade da luz no vácuo. A não localidade se opõe a essa restrição, dizendo que o efeito pode ser percebido imediatamente. Levando em conta esses fatos, um dos maiores experimentalistas da atualidade, o físico suíço Nicolas Gisin, afirma que

> Na física moderna, o emaranhamento é fundamental: além disso, o espaço é irrelevante – pelo menos na ciência da informação

---

75. Na literatura especializada, há relatos de situações em que os físicos dizem conseguir estados emaranhados mesmo de sistemas que não interagiram no passado.

ONTOLOGIA E FÍSICA **193**

quântica, o espaço não desempenha um papel central e o tempo é um mero parâmetro discreto. Na relatividade, o espaço-tempo é fundamental e não há lugar para correlações não locais [as teorias quânticas de campos são locais]. Para colocar a tensão em outras palavras: nada na história do espaço-tempo pode nos dizer como correlações não locais acontecem, portanto correlações quânticas parecem emergir, de algum modo, fora do espaço-tempo.[76]

Gisin prossegue afirmando com todas as letras que "todas as experiências de hoje levam a uma conclusão: a natureza é não local"[77] – outro físico importante que discute esses pontos, sendo levado a conclusões parecidas é Carlo Rovelli, em seu artigo "Location on Quantum Field Theory".[78]

Em suma, ainda que respeitemos a opinião de que devemos considerar os objetos físicos em relação a algum conceito de espaço e de tempo, essa questão não está decidida no tocante nem de que espaço e tempo (ou espaço-tempo) estamos falando, nem se esses conceitos fazem sentido – dependendo do domínio investigado. A porta está aberta. Por fim, uma citação de Max Jammer, referindo-se a um resultado de outros dois físicos, que indicaria que os conceitos tradicionais de espaço e tempo só seriam aplicáveis aos sistemas macroscópicos:

> o resultado obtido por Salecker e Wigner[79] com respeito às limitações que cercam as medidas de intervalos espaçotemporais na mecânica quântica, [...] priva as noções tradicionais de espaço-tempo de qualquer significação operacional na microfísica.

---

76. Gisin, *Quantum Nonlocality*.
77. Ibid.
78. Cao, *Conceptual Foundations of Quantum Field Theory*, p.207-32; ver também o já citado "The Disappearance of Space and Time", de Rovelli.
79. Ele se refere ao trabalho de Salecker e Wigner, Quantum Limitations of the Measurement of Space-Time Distances, *Physical Review*, n.109, p.571-7, 1958.

Esse tópico, como indicado anteriormente, é ainda muito controverso. O que se sobressai é o fato de que não sabemos ao certo o que são o espaço e o tempo, ou seja, não temos deles nada além de uma noção intuitiva e várias descrições não compatíveis entre elas de acordo com o tipo de teoria física considerada. Porém, é evidente que o tema é relevante ao interessado em questões ontológicas.

7
ONTOLOGIA DE NÃO INDIVÍDUOS

Neste capítulo, vamos delinear um tratamento mais preciso para o conceito de não indivíduo e nos referir a uma teoria matemática que aborda coleções de entidades para as quais o conceito de identidade carece de sentido. Com base nessa teoria, chamada de *teoria de quase conjuntos*, mostraremos que pode haver entidades sem identidade, contrariamente às ideias de Quine. Antes, porém, mais um pouco de discussão filosófica.[1]

Cabe aqui ressaltar, no entanto, que não estamos afirmando que os *quanta* são não indivíduos. Como sustentado amplamente em *Identity in Physics: a Historical, Philosophical, and Formal Analysis*, e aqui assumido, trata-se apenas de uma das metafísicas (ou ontologias) que podem ser associadas a tal tipo de entidade. Contudo, compete aos lógicos e filósofos explorar essa possibilidade.

---

1. O leitor interessado em detalhes sobre a teoria de quase-conjuntos pode consultar French; Krause, *Identity in Physics*; Id., Remarks on the Theory of Quasi-Sets, *Studia Logica*, v.95, n.1-2, p.101-24, 2010.

Níveis de empenho ontológico do físico

Podemos nos comprometer ontologicamente com não indivíduos, ou seja, com entidades que não tenham um critério de identidade bem definido, que não possam ser nomeados sem ambiguidade, que difiram solo número de outros de mesma espécie, como parecem indicar – pelo menos segundo uma interpretação plausível – os ditames da física quântica? Do ponto de vista especulativo, a resposta é afirmativa, porque, em princípio, podemos colocar em nossa ontologia o que bem entendermos, que podem ser duendes, deuses, substratos ou não indivíduos, ainda que, para finalidades científicas, seja difícil justificar certas escolhas. A questão se transforma e se torna mais objetiva se procurarmos um critério de comprometimento ontológico com não indivíduos que siga os padrões quinianos de possíveis valores de variáveis. No entanto, como já vimos nos capítulos precedentes, o seu critério "ser é ser o valor de uma variável" está incondicionalmente ligado à noção de identidade, que fundamenta o seu extensionalismo (possibilidade de substitutividade *salva veritate*). Ou seja, o que pode ser o valor de uma variável é um indivíduo, já que Quine reduz sua ontologia a objetos de uma teoria pura (usual, como ZFC) de conjuntos (ou seja, a conjuntos). Como pode haver comprometimento com entidades sem identidade?

Dalla Chiara e Toraldo di Francia[2] abordam o empenho ontológico do físico em dois níveis, em que o primeiro alude a uma teoria T, independentemente de T ser verdadeira ou falsa em relação à experiência. A teoria não se refere necessariamente ao que existe no mundo físico, mas àquilo que deveria existir, a fim de que as sentenças de T sejam verdadeiras (como, aliás, indica Quine). O segundo nível se refere a uma teoria que seja empiricamente verdadeira. É bom assinalar que a discussão dos autores italianos é bastante sofisticada e os termos anteriormente mencionados são tratados por eles com adequada precisão. Dalla Chiara e Toraldo di Francia exemplificam: quando dizemos "um táquion não pode ser desacelerado a

---

2. Dalla Chiara; Toraldo di Francia, *Le teorie fisiche*.

uma velocidade menor que a da luz", estamos nos comprometendo com um nível ontológico do primeiro tipo, posto que, até o momento, ninguém sabe se os táquions existem de fato. (Um táquion é uma partícula hipotética que viaja a uma velocidade superior à velocidade da luz, e a teoria da relatividade apregoa que nada pode ser acelerado a uma velocidade igual ou maior que ela, mas não impede a existência de entidades com velocidade acima da velocidade da luz; assim, de certo modo, os táquions já teriam se originado viajando a uma tal velocidade.)

Temos, então, um comprometimento ontológico do primeiro tipo, porque o físico pode asseverar que a sentença anterior está correta, ainda que os táquions possam não existir (não se tem, até o momento, comprovação experimental de sua existência). Por outro lado, os autores afirmam que, se dizemos "elétrons têm *spin*" (sendo o *spin* uma propriedade das partículas elementares e para os elétrons, quando medido em certa direção, assume um entre dois valores possíveis, denominados de *UP* e *DOWN*), estamos diante de um nível de empenho ontológico do segundo tipo, pois admite-se não somente que os elétrons existem com respeito à teoria (comprometimento de primeiro nível), mas também que a teoria é verdadeira com respeito à experiência, como é o caso dos elétrons, pois tudo leva a crer que eles existem de fato (é difícil crer que certas entidades, como elétrons e prótons, possam ser unicamente objetos fictícios).

O empenho ontológico de segundo nível, no entanto, aliado ao que supomos nos dizer a física quântica, pode nos levar a uma ontologia de não indivíduos. Bósons em um condensado de Bose-Einstein são absolutamente indiscerníveis por todos os mecanismos proporcionados pela física quântica, isto é, nada na teoria permite discerni-los, e talvez não seja possível discerni-los de modo algum. Há outros argumentos que permitem inferir a possibilidade de que as entidades quânticas possam ser interpretadas desse modo, como os sistemas emaranhados, que partilham estados que não podem ser "separados" em estados para cada componente, conforme vimos antes. Os objetos quânticos chamados de bósons podem partilhar um mesmo estado quântico, situação na qual (segundo a interpretação dominante) *não podem ser discernidos de modo algum*. Assim, podemos pressupor que a teoria é perfeitamente coerente com a existência de entidades que violam a teoria tradicional da identidade e, portanto, violam a lógica e a matemática tradicionais. Se isso é de fato uma possibilidade, como podemos articular "quinianamente" o critério de comprometimento ontológico com tais entidades? Isso é o que veremos mais à frente.

Entidades sem identidade

A ideia é encontrar um modo de assumir que mesmo entidades sem identidade (em um sentido preciso a ser descrito) podem ser valores de variáveis de uma adequada linguagem que expressem tal ontologia, uma vez que se considere uma interpretação conveniente para o que Quine chama de *teoria de fundo* (*background theory*), que, segundo entendemos, dá suporte às suas ideias. Assumindo uma posição consoante com a moderna visão *model-theoretical* da lógica, de que a lógica (em princípio, supostamente a clássica) não constitui uma linguagem universal, mas é possível tratar seus conceitos semânticos em uma adequada metalinguagem, interpretamos a teoria de fundo quiniana como uma conveniente metalinguagem na qual podemos formular conceitos semânticos acerca da linguagem (objeto) considerada.

Quine reporta-se (ainda que implicitamente) ao fato de que, mesmo que dois objetos possam concordar em todos os aspectos definidos pela teoria objeto, eles podem ser discernidos na linguagem de fundo. Assim, sugerimos que, dada a possibilidade de se admitir (ao que tudo indica contrariamente ao próprio Quine) uma pluralidade de "possibilidades lógicas", essa linguagem é então assumida como a da *teoria de quase-conjuntos*,[3] na qual se

---

3. French; Krause, *Identity in Physics*, cap.7; Id., Remarks on the Theory of Quasi-Sets, *Studia Logica*, v.95, n.1-2, p.101-24, 2010.

pode assumir a existência de entidades para as quais o conceito usual de identidade dado pela teoria ZFC não se aplica. Desse modo, uma linguagem conveniente (no sentido quiniano) pode admitir entidades descritas pela teoria de quase-conjuntos como valores de suas variáveis, sem que, no entanto, elas sejam vistas como indivíduos na teoria de fundo, como Quine parece sustentar.

Desse modo, mostramos que é possível defender exatamente a negação da célebre frase de Quine mencionada anteriormente, de que "há entidades sem identidade", alegando que há entidades para as quais a teoria usual da identidade não se aplica, mas que podem ser valores das variáveis de uma adequada teoria. Não caberia recordar aqui os detalhes do critério de Quine acerca do comprometimento ontológico de uma teoria, que já foi abordado anteriormente. Faremos, no entanto, algumas menções pontuais que auxiliarão o entendimento de nossa proposta. Por exemplo, a respeito desse tema, Quine afirma:

> A ontologia é, em verdade, duplamente relativa. Especificar o universo de uma teoria somente faz sentido com relação a alguma teoria de fundo e somente com relação a alguma escolha de uma tradução de uma teoria em outra. [...] Não podemos saber o que é algo, sem saber como ele se distingue de outras coisas. Assim, a identidade faz uma só peça com a ontologia. Consequentemente, ela está envolvida em uma relatividade, como se pode prontamente ilustrar. Imaginemos um fragmento de uma teoria econômica.
> Suponhamos que seu universo compreende pessoas, mas que seus predicados são incapazes de distinguir entre pessoas cujas rendas são iguais. A relação interpessoal de igualdade de rendas goza, dentro da teoria, da propriedade da substitutividade da própria relação de identidade; as duas relações são indistinguíveis. É apenas com relação a uma teoria de fundo, na qual mais coisas se podem dizer da identidade pessoal do que a igualdade de renda, que somos capazes inclusive de apreciar a descrição acima do

fragmento da teoria econômica, dependendo, como depende, de um contraste entre pessoas e rendas.[4]

Assim, pessoas com a mesma renda, ainda que não possam ser discernidas pelos predicados da linguagem considerada, podem sê-lo na teoria de fundo, mais rica. A concordância em todos os predicados da linguagem da teoria objeto fazem que dois objetos a e b sejam "idênticos" (preferimos dizer, *relativamente indiscerníveis*) do ponto de vista da teoria, porém a e b podem ser apontados como distintos na teoria de fundo, por meio de algum predicado que não pertença à linguagem da teoria objeto, mas à linguagem da teoria de fundo. Assim, podemos interpretar a teoria de fundo quiniana como a metateoria na qual podemos elaborar os conceitos semânticos da teoria objeto. Não encontramos qualquer referência nos escritos de Quine que negue essa suposição, porém também não a vimos explicitada em sua obra. Cremos que é uma interpretação possível, que permite uma explicação relativamente simples dos fundamentos de seus *slogans*, em especial daquele que diz que "não há entidade sem identidade". Vamos precisar um pouco mais esse ponto. Doravante, admitiremos que estamos trabalhando em uma teoria de conjuntos como ZFC.

Suponha uma estrutura matemática $\mathcal{A} = \langle D, (R_i)_{i \in I} \rangle$, composta por um domínio D (um conjunto não vazio) e por uma família de relações $(R_i)_{i \in I}$, sendo I um conjunto de índices. Elementos distinguidos e operações sobre os elementos de D podem ser reduzidos a relações de modo usual. Da mesma forma, se há vários domínios, podemos reduzi-los a um só, mediante técnicas conhecidas, bem como estruturas de ordem superior podem ser consideradas adequadamente dentro desse esquema.[5] Desse modo, a estrutura anterior é suficientemente geral para nossas considerações. Estruturas dessa "espécie", ou uma espécie de estruturas, para empregar a

---

4. Quine, Sobre o que há, in: *Ryle, Strawson, Austin, Quine*, p.148-9.
5. Krause et al., Axiomatization and Models of Scientific Theories, *Foundations of Science*, v.16, n.4, p.363-82, 2011.

terminologia de Bourbaki,[6] fazem o papel da contraparte matemática de nossas teorias.[7] É importante enfatizar que uma espécie de estruturas como essa pode ser assumida como "construída" em uma teoria de conjuntos como ZFC, de primeira ordem, aqui com o axioma do fundamento.

Isto é, $\mathcal{A}$ do parágrafo anterior é uma estrutura no universo conjuntista $\mathcal{V} = \langle V, \in \rangle$, que, por sua vez, pode também ser visto como uma "estrutura" (mas que não é um conjunto de ZFC, suposta consistente). O fato é que o conceito de indiscernibilidade em $\mathcal{A}$ é o seguinte:

Definição (indiscernibilidade em uma estrutura) Dois objetos a e b em D são indiscerníveis em $\mathcal{A}$, ou $\mathcal{A}$-indiscerníveis, se há um automorfismo h de $\mathcal{A}$ tal que $h(a) = b$.

Informalmente falando, um automorfismo de uma estrutura é uma função bijetiva definida em seu domínio que "preserva" todas as relações da estrutura, ou seja, se temos $R(a_1, ..., a_n)$, então vale ainda $R(h(a_1), ..., h(a_n))$ para toda relação n-ária R (ou seja, é um isomorfismo da estrutura nela mesma). A coleção dos automorfismos de $\mathcal{A}$, munido da operação usual de composição de funções, é um grupo, chamado de *grupo de Galois* da estrutura.

Se o grupo de Galois da estrutura tiver um único elemento, que então será necessariamente a função identidade sobre o domínio D, a estrutura é *rígida*. Por exemplo, a estrutura $\mathcal{R} = \langle \mathbb{R}, +, \times, 0, 1 \rangle$ que corresponde ao corpo ordenado completo dos números reais é rígida, ao passo que a estrutura $C = \langle \mathbb{C}, +, \times, 0, 1 \rangle$ correspondente ao corpo dos complexos não o é (por exemplo, a função que associa a um número complexo o seu conjugado é um automorfismo de C que não é a função identidade).

Da mesma forma, a estrutura $\mathcal{E} = \langle V, \mathbb{K}, +, \cdot \rangle$ dos espaços vetoriais sobre um corpo $\mathbb{K}$ de dimensão finita não é rígida, pois

---
6. Bourbaki, *Theory of Sets*, cap.4.
7. Suppes, *Representation and Invariance*.

qualquer operador linear bijetivo é um automorfismo de ε. Visto como uma estrutura (em uma teoria mais forte que ZFC),[8] $\mathcal{V} = \langle V, \in \rangle$ é rígida.

Do ponto de vista de $\mathcal{A}$, ou seja, internamente à estrutura, dois objetos que sejam levados um no outro por um automorfismo não podem ser discernidos: eles são a "idênticos" (melhor seria dizer que são $\mathcal{A}$-idênticos). Quine provavelmente se refere a isso em "Identidade, ostensão, hipóstase", como identificação dos indiscerníveis.[9] Dentro da estrutura, os indiscerníveis "devem ser construídos como idênticos".[10] No entanto, vistos *de fora* (da estrutura), eles podem ser discernidos (evidentemente, caso não sejam "o mesmo" objeto). O que se pode demonstrar em ZFC é que toda estrutura pode ser estendida a uma estrutura rígida mediante o acréscimo de uma quantidade finita de novas relações.

Em outras palavras, mesmo que dois objetos a e b sejam indiscerníveis relativamente a uma estrutura $\mathcal{A}$, essa estrutura pode ser estendida a outra, $\mathcal{B}$, na qual "se pode ver" (pelo menos em princípio) que eles são elementos distintos. Moral da história: em ZFC (vê-se isso por meio da "estrutura" mais geral $\mathcal{V}$, o universo conjuntista), todo objeto é um indivíduo, no sentido de que pode sempre ser discernido de qualquer outro distinto dele; por exemplo, tome a relação unária $I_a(x) := x = a$, cuja extensão é o conjunto unitário de a, e que corresponde à propriedade "ser idêntico a a" – autoidentidade. Claro que, em ZFC, nenhum b distinto de a possui essa propriedade, ou pertence a $\{a\}$. Como é habitual, associa-se a inspiração de Quine para o seu "não há entidade sem identidade" a Frege, no sentido de que Quine aceitava que postular entidades

---

8. Supondo que ZFC é consistente, um modelo de ZFC não pode ser construído em ZFC devido ao segundo teorema de incompletude de Gödel. No entanto, se trabalharmos em uma teoria mais forte, por exemplo contendo universos, que são certos tipos de "conjuntos" enormes (e cuja existência equivale à hipótese de haver cardinais fortemente inacessíveis), podemos construir nela modelos de ZFC.
9. Quine, Sobre o que há, in: *Ryle, Strawson, Austin, Quine*, p.253.
10. Ibid.

de um certo tipo requer que haja um critério de identidade para elas.[11] Assim, reportando-nos a uma *teoria de fundo* como ZFC, chegamos a uma vertente alternativa para sustentar a crença de que não há entidade sem identidade, pois pode-se provar, na metamatemática, que todo objeto concebido ontologicamente por uma teoria devidamente regimentada (ou seja, que possa ser valor das variáveis ligadas das fórmulas da linguagem dessa teoria) é um indivíduo.

Como podemos dizer que certo objeto é um indivíduo? Toraldo di Francia afirma que o ato de dividir o mundo em objetos é algo inato ao ser humano.[12] Fazemos isso instintivamente, sugere ele, em nossa caminhada para conhecer o mundo. Toraldo se baseia muito em Piaget, de quem algumas ideias podem ser úteis para nossos propósitos. Em *A construção do real na criança*, Piaget argumenta que, nos primeiros dias ou semanas de vida (durante as duas primeiras das seis fases de elaboração do conceito de objeto, que duram aproximadamente um ano e meio), a criança não tem a noção de objeto articulada – que prefiro substituir pela de indivíduo. Apesar de brincar com objetos (indivíduos), como com um pequeno boneco (que pode ser um gatinho de pelúcia), a criança não faz dele (ainda) um indivíduo, algo que tenha uma identidade bem definida. Entender esse ponto é importante para a distinção entre individualizar, no sentido de separar dos demais (ainda que de mesma espécie), e fazer do objeto um indivíduo.

Certamente, o primeiro não implica o segundo, mesmo que isso seja aparentemente contrário à crença comum e se apoie em Piaget. Com efeito, brincar com um gatinho de pelúcia exige individuação, pois é com *aquele* gatinho que a criança está brincando. No entanto, nas primeiras semanas, se o gatinho sai do raio de atenção da criança, ou se é substituído por outro brinquedo similar ou por outro, digamos um cãozinho de pelúcia, a criança não notará qualquer diferença, e continuará brincando com o novo

---

11. Chateaubriand, Quine and Ontology, *Principia*, v.7, n.1/2, p.41-74, 2003.
12. Toraldo di Francia, *Le cose e i loro nomi*, p.23.

brinquedo sem se dar conta de que ele foi trocado. Tudo o que procurará é restabelecer uma situação agradável, e isso pode ser feito com um brinquedo semelhante ou mesmo com outro. O gatinho inicial "cai no esquecimento".[13] É somente bem mais tarde que o brinquedo vai *adquirir identidade*, tornar-se um indivíduo que pode ser identificado em outras ocasiões como sendo *aquele* brinquedo e não outro. E, se substituído, será percebido pela criança, que poderá pedir de volta *aquele* brinquedo. É nesse estágio que a criança elabora a noção de indivíduo, vinculada à noção de identidade no espaço-tempo (intuitivo).

Não é, portanto, a simples individuação (por exemplo, a separação espaçotemporal) que faz de um objeto um indivíduo, mas o estabelecimento de uma possibilidade de reconhecimento posterior, que Piaget chama de permanência (no espaço-tempo). Ou seja (ainda que Piaget não tenha afirmado isso), a identidade é algo que elaboramos em nossa mente, que sustentamos (como dizia Hume) pelo hábito. Claro que a noção de espaço, bem como a de tempo, é problemática aqui, pois, a rigor, não sabemos de que tipo de espaço e tempo tratamos (seriam conceitos absolutos, newtonianos, ou seriam relativos, einsteinianos?).

No entanto, acreditamos que podemos prosseguir assumindo as configurações intuitivas desses conceitos, que parecem ser as adotadas, afinal. Alguns filósofos usam uma terminologia advinda da filosofia da linguagem e das lógicas modais e falam de mundos possíveis. Assim, um objeto é um indivíduo quando pode ser identificado como tal em diferentes mundos possíveis, mas, na semântica usual, um mundo possível é um *conjunto* (digamos, de ZFC). Novamente, caímos nas considerações conjuntistas de uma teoria de fundo, já mencionadas antes.

Preferimos outra opção, mais afeita a Quine: diremos que uma entidade (no sentido geral de algo que pode ser concebido) é um indivíduo quando obedece à teoria da identidade da lógica e da matemática tradicionais, que denotarei aqui por TTI (teoria

---

13. Piaget, *A construção do real na criança*, p.32.

tradicional da identidade). Revisando, nas teorias usuais de conjuntos, a TTI se resume aos axiomas da identidade para a lógica elementar clássica (reflexividade e substitutividade) e ao axioma da extensionalidade da teoria de conjuntos. Em uma linguagem de ordem superior, a identidade pode ser definida por meio da lei de Leibniz, que veremos a seguir.

Consequências da teoria tradicional da identidade

Com mais detalhes, lembremos que a TTI pode ser resumida do seguinte modo: se ficarmos restritos a uma linguagem de primeira ordem com um símbolo primitivo = (um predicado binário), então os postulados em geral assumidos são os seguintes:

(i) [Reflexividade] $\forall x (x = x)$
(ii) [Substitutividade] $\forall x \forall y (x = y \rightarrow (\alpha(x) \rightarrow \alpha(y)))$, em que $\alpha(x)$ é uma fórmula na qual x figura livre e $\alpha(y)$ é obtida de $\alpha(x)$ pela substituição de y em algumas ocorrências livres de x, sendo y uma variável livre para x em $\alpha(x)$.[14]

Alternativamente, como vimos, podemos encontrar uma fórmula $\alpha(x, y)$ da linguagem por meio da qual a identidade possa ser definida e permita provar as fórmulas correspondentes aos axiomas anteriores como teoremas. Esse é, aliás, o expediente a que Quine recorre, que se concentra em linguagens com um número finito de predicados. A identidade, nesse caso, é simulada pela concordância em todos os predicados assumidos, logo, por extensão, em todas as expressões da linguagem.[15] Por exemplo, suponha que nossa linguagem tenha somente os seguintes símbolos de predicados primitivos: um unário P e um binário Q. Podemos, então, definir a "identidade" $x = y$ da seguinte forma:

---

14. Mendelson, *Introduction to Mathematical Logic*, p.95.
15. Ver, por exemplo, Quine, *Philosophy of Logic*.

$$x = y := (P(x) \leftrightarrow P(y)) \wedge \forall z(Q(x,z) \leftrightarrow Q(y,z)) \wedge \forall z(Q(z,x) \leftrightarrow Q(z,y)).$$

Observe-se que essa definição fornece apenas a indiscernibilidade de x e de y relativamente aos predicados primitivos da linguagem, e nada impede haver um terceiro predicado S que não pertença à linguagem, tal que $S(x)$ mas $\neg S(y)$.

Na semântica usual, objetiva-se que o predicado de identidade seja interpretado na diagonal do domínio D da interpretação, ou seja, no conjunto $\Delta_D = \{\langle x,x \rangle : x \in D\}$, mas sabe-se que os axiomas (ou a definição) acima não individualizam a diagonal a menos de uma relação de equivalência. Com efeito, suponha que $\sim$ é uma relação de equivalência sobre D, e tomemos $D' = D/_\sim$ como domínio de outra interpretação para a mesma linguagem elementar, sendo $D/_\sim$ o conjunto quociente de D pela relação de equivalência $\sim$.[16] Interpretemos agora a relação de identidade nessa segunda estrutura, e definamos a função $f : D \mapsto D'$ da seguinte forma:

(i) Para cada $x \in D$, $f(x) = [x]_\sim \in D'$.
(ii) $f(x) \sim f(y)$ se e somente se $x = y$.
(iii) Para todo predicado n-ário P da linguagem, se $P^D \subseteq D$ interpreta P na primeira estrutura (que tem D por domínio) e se $P^{D'} \subseteq D'$ interpreta P na segunda, então $P^{D'}(f(x_1), ..., f(x_n))$ se e somente se $P^D(x_1, ..., x_n)$.
(iv) Para cada símbolo funcional n-ário h da linguagem, se h^D interpreta tal símbolo na primeira estrutura e $h^{D'}$ o interpreta na segunda, então $h^{D'}(f(x_1), ..., f(x_n)) \sim f(h^D(x_1, ..., x_n))$.
(v) Para cada constante individual c da linguagem, se c^D é o objeto de D que a interpreta e se $c^{D'}$ é o correspondente objeto em D', então $c^{D'} \sim f(c^D)$.

---

16. Ou seja, $D/_\sim$ é o conjunto de todas as classes de equivalência dos elementos de D, isto é, $[a]_\sim = \{y \in D : y \sim a\}$ para cada $a \in D$.

Isso posto, podemos provar que as estruturas que têm D e D' como domínios são *elementarmente equivalentes*, ou seja, as fórmulas elementares que são verdadeiras em uma estrutura são verdadeiras na outra. Essas estruturas, ou interpretações, portanto, não se distinguem do ponto de vista da linguagem (elementar) que estamos considerando.

Desse modo, tendo-se essa linguagem, não poderemos nunca saber se estamos tratando de elementos de D (os nossos *indivíduos*) ou de coleções de elementos de D (as classes de equivalência em D').[17] A linguagem não permite, portanto, que haja distinção entre a diagonal Δ_D e a diagonal $\Delta_{D'}$.

Para caracterizar a identidade (a diagonal), podemos pensar em lógicas mais fortes, como as lógicas de ordem superior ou uma teoria de conjuntos. No primeiro caso (vamos nos restringir a uma linguagem de segunda ordem), a identidade pode ser definida, ao estilo dos *Principia Mathematica*, por meio da chamada lei de Leibniz (LL):

$$x = y := \forall F(Fx \leftrightarrow Fy), \qquad (7.1)$$

em que x e y são variáveis individuais e F é uma variável para predicados de indivíduos. Se entre os valores da variável F estiver a "autoidentidade" dos objetos do domínio, ou seja, os predicados $I_a(x) := x = a$ para cada a, então basta a implicação material na definição anterior.[18] A definição não é isenta de dificuldades. Somente poderemos afirmar a identidade de dois elementos se considerarmos a extensão de todas as possíveis F's (ou seja, todos os subconjuntos do domínio). Nesse caso, dois objetos $a, b \in D$ serão tais que $a = b$ se e somente se pertencerem aos mesmos subconjuntos (todos eles incluídos, até mesmo os unitários), e assim isso vale se e somente se a e b forem, de fato, iguais. Porém, uma semântica que

---

17. Ver, por exemplo, Mendelson, *Introduction to Mathematical Logic*, p.100.
18. Boulos et al., *Computabillity and Logic*, p.200; ver French; Krause, *Identity in Physics*, p.255.

admita todos os subconjuntos do domínio (uma interpretação *principal*) tem o problema de tornar a lógica incompleta.

Para contornar essa dificuldade, utilizam-se semânticas alternativas (ditas *de Henkin*, ou generalizadas), as quais tomam somente *alguns* subconjuntos de *D*. No entanto, pode acontecer o seguinte: assuma que o domínio seja o conjunto $D = \{1, 2, 3, 4\}$, e que as variáveis para predicados unários (os únicos existentes, por hipótese) são interpretados nos subconjuntos $\{1, 2\}$, $\{1, 2, 3\}$, $\{1, 2, 4\}$ (semântica generalizada de Henkin). Nesse caso, se temos duas constantes individuais *a* e *b* que são interpretadas respectivamente em 1 e 2, então podemos ver que $a = b$, pois 1 e 2 pertencem a todos os subconjuntos selecionados. No entanto, ainda que nossa interpretação não deixe transparecer, *sabemos* que $1 \neq 2$, mas isso só pode ser comprovado com recursos mais fortes, fazendo uso da metateoria.

No caso das teorias de conjuntos (vamos novamente supor ZFC de primeira ordem, sempre consistente), adiciona-se aos axiomas da reflexividade e da substitutividade o axioma da extensionalidade, que já conhecemos. Dessa forma, resulta que dois conjuntos são idênticos se e somente se tiverem os mesmos elementos, e, se houver átomos, eles serão iguais se e somente se pertencerem exatamente aos mesmos conjuntos. A TTI portanto é leibniziana, no sentido de não permitir que possa haver indivíduos ou conjuntos, conforme o caso, absolutamente indiscerníveis. Tudo o que podemos fazer no tocante à indiscernibilidade é nos restringir ao âmbito de uma determinada estrutura, e então, como diz Quine, construir os objetos como "idênticos" do ponto de vista interno da estrutura (indiscerníveis pelos recursos da sua linguagem).[19]

Como se pode perceber pelo parágrafo anterior, a identidade tem muito a ver com a indiscernibilidade. Primeiramente, não discutiremos se a identidade é ou não uma relação, como alguns defendem e outros contestam. Assumiremos isso como uma hipótese, ao estilo Frege e Russell. Qual é, então, a importância de sua relação com a indiscernibilidade dos objetos quânticos? No uso que

---

19. Quine, Sobre o que há, in: *Ryle, Strawson, Austin, Quine*, p.253.

fazemos da expressão "não indivíduo", seguimos uma tradição que vem desde o trabalho seminal de Max Planck sobre a derivação da lei da radiação do corpo negro em 1900.[20] Na derivação da referida lei, Planck assumiu (dito de forma simplificada) que P elementos de energia podem ser distribuídos em N modos possíveis, de acordo com a fórmula

$$\frac{(N+P-1)!}{(N-1)!P!}. \qquad (7.2)$$

Mais tarde, Ehrenfest percebeu que a divisão por $P!$ leva à indiscernibilidade dos objetos quânticos. Com efeito, suponha que $P = N = 2$ (duas "partículas" para serem dispostas em dois a "estados" possíveis).

"Classicamente", ou seja, se supusermos que os objetos considerados são indivíduos, teremos quatro possibilidades, se chamarmos as configurações resultantes de A e B, e os *quanta* de a e b: (1) a e b estão em A; (2) ambos estão em B: (3) a está em A e b está em B e (4) a está em B e b está em A. Esse modo de contar, ou *estatística*, é conhecido como estatística de Maxwell-Boltzmann, e é característica dos objetos da física clássica, como já vimos antes. A distinção feita entre as situações (3) e (4) exprimem que, apesar de poderem ter as mesmas propriedades, são indivíduos distintos, uma vez que sua permutação acarreta em "estados" diferenciados, e sua individualidade pode ser dada por alguma forma de substrato. No caso da física quântica, no entanto, a situação é outra. Primeiro, todos os objetos quânticos conhecidos se enquadram em uma das duas categorias: bósons ou férmions. Bósons obedecem à estatística de Bose-Einstein, na qual as situações (3) e (4) anteriormente são identificadas. Isso faz que a rotulação de entidades como a e b, ou seja, a atribuição de nomes, perca o sentido. As situações admitidas são: (1') ambas em A, (2') ambas em B e (3') uma está em A e outra em B (sem que haja diferenciação entre elas). Quanto aos férmions, devido ao

---

20. Planck (1901); para detalhes históricos, ver French; Krause, *Identity in Physics*.

fato de que devem obedecer ao princípio de exclusão de Pauli, que informalmente significa que não podemos ter mais de um férmion em dado estado, sobra unicamente a situação (3'). Se tomarmos $N = P = 2$ e fizermos o cálculo com bósons usando a fórmula de Planck anteriormente apresentada, o resultado é exatamente o esperado, três situações possíveis. Para férmions, teremos uma única possibilidade, exatamente o caso (3').

Hoje, dizemos que permutações de objetos indiscerníveis não conduzem a estados observacionalmente distintos. Insistamos que essa construção se assemelha ao exemplo já visto de como uma criança forma (ou constrói) a noção de objeto (de indivíduo). A troca de um gatinho de pelúcia por um parecido em nada muda sua concepção de mundo (no caso da criança em suas primeiras semanas, a situação é ainda mais radical, pois a substituição do gatinho por outro brinquedo parece não mudar nada para ela). A diferença no caso quântico é que a criança, prosseguindo em sua evolução natural, vai formar a noção do gatinho de pelúcia como um indivíduo, podendo chegar a identificá-lo como sendo seu em outras situações de sua vida (como supostamente eu faço com minha caneta), ao passo que muito provavelmente (se acreditarmos na física quântica) isso não possa ser feito com objetos quânticos. Se eles saem de nosso campo de percepção (para empregar uma terminologia piagetiana), não podem mais ser identificados como tais. Os objetos quânticos não têm *genidentity*, ou identidade transtemporal, para empregar a expressão usada por Reichenbach. Ou seja, eles não têm individualidade no sentido elaborado anteriormente e, segundo a maior parte das interpretações, não podem vir a ter: são não indivíduos.

Se desejamos fundamentar formalmente uma ontologia de não indivíduos, necessitamos dos correspondentes mecanismos formais. Nossa proposta em grande parte alicerça-se nas ideias de Schrödinger de que o conceito de identidade não faz sentido para partículas elementares.[21] Com efeito, um modo de se conceber não

---

21. Ver French; Krause, *Identity in Physics*, para uma discussão ampla.

indivíduos, em oposição à caracterização de que indivíduos são entidades que obedecem a TTI, é postular justamente o contrário: não indivíduos *não obedecem* a TTI. Isso pode ser feito, teoricamente, de dois modos: concebendo uma entidade que não é idêntica a ela mesma (não é o nosso caso), ou simplesmente usando uma linguagem em que expressões da forma $x = y$ (bem como sua negação, $x \neq y$) não sejam fórmulas (expressões bem formadas da linguagem). Com isso, "propriedades" como a autoidentidade de um objeto a, ou seja, o predicado I_a definido por $I_a(x) := x = a$ não seriam propriedades "legítimas" de a.

O problema é que, se tudo for feito tendo a matemática usual (leia-se, ZFC) como pano de fundo, voltaremos a ter o mesmo problema apontado anteriormente: o da possibilidade da extensão de uma tal linguagem (que pode ser vista como a linguagem de certa estrutura) a uma linguagem correspondente a uma estrutura rígida. A identidade "abandonada" entra novamente pela porta aberta pela lógica e pela matemática subjacentes. O modo de conciliar esse problema é, de certo modo, partir do zero: elaborar uma matemática que incorpore a noção de não individualidade desde o início, assumindo-a como um conceito primitivo.

No que tange à física quântica, tal teoria viria ao encontro do desejo de Heinz Post de que as entidades quânticas deveriam ser consideradas como indiscerníveis "desde o princípio" (*right at the start*), e não seriam não indivíduos "mascarados" como objetos pertencentes ao domínio de uma estrutura não rígida. Uma teoria de não indivíduos poderia igualmente atender às reclamações de Yuri Manin a favor de uma teoria dos "conjuntos" (as aspas são dele) que permitisse tratar de coleções de objetos, como os quânticos, que não obedeceriam os axiomas das teorias usuais de conjuntos como ZFC;[22] ponto semelhante foi sustentado por Dalla Chiara e Toraldo di Francia.[23]

---

22. Ver French; Krause, *Identity in Physics*, cap. 6.
23. Dalla Chiara; Toraldo Di Francia, in: Corsi et al. (Eds.), *Bridging the Gap*.

Com a teoria de quase-conjuntos como pano de fundo, podemos retornar ao critério de comprometimento ontológico de Quine, como já antecipamos no final do capítulo anterior. Pensemos em uma linguagem $\mathcal{L}$ ao estilo Quine, porém elaborada tendo a linguagem da teoria de quase-conjuntos como metalinguagem, ou seja, elaborada "dentro" da teoria de quase-conjuntos, que será nossa teoria de fundo. Podemos nos referir (e quantificar formalmente) em $\mathcal{L}$ sobre não indivíduos, ou seja, não indivíduos podem ser valores das variáveis das sentenças quantificadas de $\mathcal{L}$. Desse modo, não indivíduos "existem" de acordo com os padrões quinianos e, portanto, há entidades sem identidade. Ademais, há estruturas em $\mathfrak{Q}$ que não podem ser estendidas a estruturas rígidas e, dessa forma, "mesmo de fora" os objetos indiscerníveis não podem ser identificados isoladamente.

Qual é a lição que podemos tirar disso? Primeiramente, o comprometimento ontológico de uma teoria não depende unicamente da sua linguagem, mas está condicionado também à sua metateoria. Com efeito, conforme nossa argumentação revela, uma adequada mudança na metalinguagem pode fazer variar a "decisão sobre uma ontologia" – para empregar a expressão de Orenstein.[24] De certo modo, isso nos incita a refletir sobre o critério quiniano de que apenas as variáveis da linguagem determinam uma ontologia, uma vez que, segundo a semântica usual, o que venham a ser esses valores depende fundamentalmente da metateoria utilizada. Em nossa opinião, resulta também que a sugestão de M. Bunge de que a lógica e a matemática seriam ontologicamente neutras[25] e, por esse motivo, permitiriam a construção das mais variadas teorias ontológicas, não se sustenta, pois qualquer ontologia construída, digamos, em ZFC, é, na verdade, uma ontologia de indivíduos.

---

24. Orenstein, *W. V. Quine*, cap. 3.
25. Bunge, *Treatise on Basic Philosophy*, v.3, p.15.

Uma visão de algumas teorias científicas e de seu progresso

Como "funcionam" as teorias científicas? Veremos a seguir uma ideia geral do que chamamos de progresso das teorias em ciência, pelo menos de algumas delas, como as da física. Trata-se de uma descrição inicial apenas, mas motiva a compreensão. O esquema da Figura 7.1 não pode ser aplicado a qualquer teoria científica, mas certamente é adequado para a maioria das teorias conhecidas.

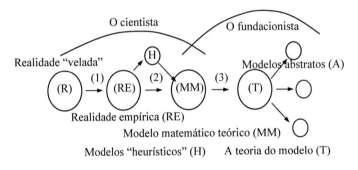

Figura 7.1 – Visão geral simplificada de algumas teorias científicas

Suponha que objetivamos dominar certa porção de uma suposta realidade (R). Um biólogo pode estar interessado em determinada população de peixes; um físico, nos buracos negros de certa galáxia; um economista, em uma parcela da população consumidora, e assim por diante. Se formos realistas (e há realistas de diversas tendências), aceitaremos que existe uma "realidade" independente de nossa vontade ou consideração. O mundo estaria aí (talvez um pouco diferente) mesmo se não existíssemos. Para os chamados realistas científicos, algumas teorias contam a verdade acerca desse mundo, ao menos parcialmente.

Porém, se formos antirrealistas, não falaremos propriamente sobre a verdade das teorias científicas, mas elas devem ser úteis ou empiricamente adequadas, ou algo similar. Sem discutir em detalhes tal questão, vamos assumir simplesmente que, para a investigação científica, faz sentido assumir que *há algo além de nós mesmos* e que desejamos investigar (ver Figura 7.1).

Para isso, vamos de início seguir o físico e filósofo francês Bernard D'Espagnat e chamar esse algo de Realidade (R) e, como ele, assumir (algo kantianamente) que R permanece, para nós, "velada" ou inacessível.[26,27] Tudo de que dispomos (supostamente) a respeito de R são dados fenomênicos, informações coligidas de nossa interação fenomênica com o domínio (via observação, experimentos com aparelhos, o que quer que seja), que ele denomina de Realidade Empírica (RE). Deve ficar claro que nossa investigação de R não é feita com base em simples observações (em sentido amplo). Se não estivermos preparados, podemos ficar horas observando traços em uma câmara de bolhas sem deduzir nada, ou observar durante horas uma população de peixes sem concluir nada a respeito, ao contrário de um biólogo treinado. Dito isso, nossas observações, nossas análises dos dados fenomênicos, nossos *modelos de dados* (segundo terminologia empregada por Patrick Suppes) dependem de teorias que carregamos em nossa bagagem.

Essa observação foi feita por Einstein ao jovem Heisenberg, e lembrada por este muitas vezes, em função da importância que lhe reputou. Segundo Heisenberg, Einstein teria lhe ensinado que "é a teoria que diz o que pode ser observado", ou seja, qualquer observação que façamos já está impregnada de teoria.[28] Não precisamos discutir o termo "observação" aqui. O que desejo enfatizar é que nossa análise de R, via RE, já utiliza conhecimentos científicos. No entanto, desejamos *teorizar* a respeito de R, e o fazemos com os dados que dispomos em RE.

---

26. Nosso esquema coincide com o de D'Espagnat unicamente quanto às etapas R e RE, porém, quanto a RE, introduzimos outras analogias.
27. D'Espagnat, *On Physics and Reality*; Id., *State of Art and Perspectives*.
28. Essa passagem encontra-se, por exemplo, em Heisenberg, *Encounters with Einstein and other Essays on People, Places, and Particles*, p.10-1, e também na tradução brasileira da autobiografia intelectual de Heisenberg, que recomendo a todos: Heisenberg, *A parte e o todo*, p.77 ss.

Com base em nosso conhecimento prévio (teorizações prévias), levando em conta (RE) e muitas vezes fazendo uso de dispositivos heurísticos (H), como modelos de aeroplanos, uma molécula de DNA, uma maquete de uma hidroelétrica ou uma mesa de bolas de bilhar para simular (ou "modelar") as moléculas de um gás, construímos o que vamos denominar de modelo matemático (MM), ou teoria informal (no sentido de que não está via de regra axiomatizada), visando dar conta de RE. É claro que há várias possibilidades para se elaborar MM; cada cientista tem sua visão do contexto, conhecimentos prévios, modos de entender uma situação. Vamos nos fixar em um MM. Um MM é tipicamente o que o matemático aplicado ou o engenheiro realizam quando "modelam" uma parcela da realidade.

O modo de se construir ou elaborar tal teoria tem sido muito discutido na literatura, e não nos interessa aqui. Basta que reconheçamos que a atividade científica é uma atividade conceitual. O biólogo treinado, como mencionado anteriormente, utiliza noções (conceitos) como as de espécie, ambiente, pH da água etc.; o físico que estuda buracos negros vale-se dos conceitos da relatividade geral (como espaço-tempo, aceleração); já o economista utiliza noções como as de mercado e demanda, entre outras. Esses conceitos podem ser imaginados (pelo menos idealmente), coligidos ou agrupados em uma *estrutura*; no caso das teorias físicas em geral, em uma estrutura matemática, mas pode adquirir outras formas nas demais disciplinas, como na economia ou psicanálise (que faz uso de conceitos como inconsciente, ego, rejeição, entre outros). Como estamos nos fixando na física, vamos nos restringir a tratar dessa disciplina.

Assim, podemos pensar em um MM caracterizado por uma estrutura conjuntista, já que, para as teorias físicas usuais, toda a parafernália matemática de que precisamos pode ser obtida em uma teoria de conjuntos como ZFC. Aqui aparece um dado importante: elaboramos nosso MM fazendo uso de uma matemática (e, portanto, de uma lógica), apesar de utilizarmos outras teorias que nos auxiliam a "modelar" nossa RE.

Muitas vezes, para produzir um MM, o cientista não dispõe dos conceitos adequados, necessitando criá-los, o que faz quase sempre valendo-se de analogias de teorias ou de conhecimentos anteriores. Assim, a noção de partícula muda conforme a teoria física, mas o termo continua a ser utilizado, apesar de adquirir significados distintos.[29] Da mesma forma, muitas vezes o cientista não dispõe de uma matemática adequada, necessitando criá-la. Newton, por exemplo, elaborou o cálculo diferencial e integral para dar conta de seus anseios em física. Isso é um fato histórico.

O que importa é que há uma matemática disponível com a qual o cientista opera para elaborar seu MM. Esse modelo, ou teoria informal, está carregado de significado, ou seja, seus termos e conceitos acham-se interpretados nos moldes da RE e, indiretamente, da visão que o cientista tem de R. Assim, quando o biólogo fala da reprodução de seus peixes, está mesmo falando da reprodução dos animais que constituem a parcela da realidade sob sua investigação.

Assim, os modelos matemáticos (MM), que usualmente chamamos de "teorias", são, via de regra, estabelecidas informalmente, isto é, sem o recurso do método axiomático, como ilustram a teoria da evolução darwiniana ou a física de Galileu. Em certas situações, esses modelos matemáticos, como preferimos denominá-los, são postos já axiomaticamente, ou em uma forma que pode originar uma axiomatização no sentido atual do termo, como a física newtoniana ou a teoria eletromagnética de Maxwell. É essencialmente nesse nível informal, ou pseudoformal, que o cientista trabalha.

As duas teorias da relatividade foram apresentadas desse modo, bem como as primeiras formulações da mecânica quântica (antes de von Neumann), feitas por Heisenberg (a "mecânica de matrizes") e Schrödinger (mecânica ondulatória). Muitas vezes, para motivar a elaboração dos modelos matemáticos, ou seja, para criar uma teoria, os cientistas se valem dos mais variados dispositivos heurísticos. O "modelo" da dupla hélice do DNA, de Watson

---

29. Ver, por exemplo, Falkenburg, *Particle Metaphysics*, cap. 6, em que o conceito de partícula é exibido nas diversas teorias físicas.

e Crick, é um dos mais interessantes exemplos, e encontra-se na web facilmente muita informação sobre o assunto. Da mesma forma, ainda podemos citar os planos inclinados de Galileu, entre vários outros exemplos.

Porém, se para o cientista a elaboração de um modelo matemático (ou teoria informal) pode bastar, isso em geral não contenta o fundacionista (o filósofo ou o cientista interessado nos fundamentos da ciência), que deseja mais, sobretudo conhecer a estrutura das teorias elaboradas. Entra em cena, então, uma terceira etapa, a da elaboração de uma *teoria* estrito senso, no sentido em que tencionamos empregar esse termo, ou seja, uma versão axiomatizada ou mesmo formalizada da teoria informal.[30] Claro que, assim como uma mesma coleção de dados fenomênicos pode dar origem a diferentes teorias informais, ou modelos matemáticos, como os denominamos, uma mesma teoria informal pode dar origem a diferentes axiomatizações ou formalizações. Exatamente por ser uma teoria informal, seus contornos não são bem delimitados, de forma que as versões axiomáticas ou formais podem, inclusive, ser incompatíveis entre si. Como esse ponto nos interessa sobremaneira, deixaremos para falar dele mais à frente.

Uma teoria axiomatizada ou formal, contrariamente à teoria informal, é abstrata no sentido de não pressupor uma interpretação de seus conceitos primitivos. Isso faz que ela possa ter vários "modelos" no sentido de estruturas matemáticas que satisfaçam seus postulados, dependendo da interpretação particular que se adote.[31] Assim, uma determinada teoria (T) pode ter vários modelos abstratos (A), inclusive não isomorfos, como é o caso da aritmética

---

30. Uma teoria axiomatizada não explicita a sua lógica subjacente, em geral pressupondo a lógica clássica e uma teoria de conjuntos como ZFC. Já uma teoria formalizada deixa clara sua linguagem básica e a lógica subjacente (que pode envolver uma teoria como ZFC); da Costa as denomina de axiomatização secundária e primária respectivamente (em *Ensaio sobre os fundamentos da lógica*, passim).
31. Note que há vários sentidos da palavra "modelo" em uso, que não devem ser confundidos pelo leitor.

elementar, da teoria dos grupos ou da teoria dos espaços vetoriais reais.

Qual é a importância desse trabalho fundacionista? Podemos destacar várias questões que são postas em relevo pela análise dos fundamentos de uma teoria (informal) científica, tais como:

(1) delineamento preciso de sua contraparte matemática, incluindo sua lógica subjacente;
(2) explicitação de seus conceitos básicos (dependendo da teoria axiomática adotada);
(3) possibilidade de generalização, no sentido de se perceber "outros universos" (ou domínios) aos quais a teoria possa ser aplicada, ou seja, de modelos não isomorfos ao inicialmente pretendido;
(4) estudo metateórico da teoria, por exemplo buscando-se saber se valem alguns metateoremas importantes, como categoricidade ou, quando não houver categoricidade, a existência de um teorema de representação para a teoria.

Um teorema de representação tem a seguinte finalidade: dado que uma teoria axiomática pode ter uma infinidade de modelos, haveria uma subclasse de seus modelos tal que qualquer modelo da teoria tenha nessa classe um que lhe seja isomorfo? Uma resposta positiva permitiria caracterizar os modelos da teoria por meio dessa classe especial. Por exemplo, para grupos, há o célebre teorema de representação de Cayley, que afirma que todo grupo é isomorfo a um grupo de transformações (não vem ao caso detalhá-lo aqui). Patrick Suppes destaca a busca de tais teoremas como uma das mais importantes questões relacionada à fundamentação axiomática das teorias científicas.[32]

O que se constata é que uma teoria, assim concebida, pode ser compatível com várias ontologias (ou metafísicas, como prefere

---

32. Ver Suppes, *Introduction to Logic*, cap.12, em que são dados alguns exemplos.

dizer S. French).[33] Em outras palavras, o formalismo matemático usual da mecânica quântica não relativista nos permite associar pelo menos duas metafísicas (ou ontologias) distintas e de certa forma incompatíveis.[34] A primeira considera as entidades quânticas como *indivíduos*, assim como seus correspondentes (átomos, elétrons etc.) descritos pela física clássica, porém sujeitos a restrições nos estados que podem assumir ou nos tipos de observáveis que podem ser considerados.[35] A segunda posição vê os objetos quânticos como destituídos de individualidade, como *não indivíduos*, e está mais de acordo, segundo pensamos, com o tipo de história acerca do mundo que nos conta essa teoria, por exemplo quando leva em conta (necessariamente, segundo a maior parte dos cientistas) noções como emaranhamento.

A discussão se as teorias quânticas de campos podem admitir uma ontologia de partículas é algo ainda em discussão, não havendo consenso entre os especialistas.[36] Há muitos filósofos e físicos que sustentam que a ontologia básica, como já falamos, é constituída por *campos*, e que partículas se originam de certos estados desses campos. Outros defendem a possibilidade de uma ontologia de partículas mesmo nas teorias quânticas de campos. Seja lá o que os defensores da visão de partículas pensem que sejam essas entidades, de forma a fazer sentido nas teorias de campos, certamente o conceito se afasta muito daquilo que usualmente chamamos de partícula na física clássica e mesmo na mecânica quântica não relativista.

Estender essa discussão nos obrigaria a adentrar em detalhes que não cabem aqui. O que fica, pelo menos, é a suspeita (para mim, uma certeza) de que a física, ou qualquer teoria científica,

---

33. French, On the Whitering Away of Physical Objects, in: Castellani, *Interpreting Bodies*; Id., *Metaphysical Underdetermination*; French; Krause, *Identity in Physics*.
34. Os detalhes encontram-se em French; Krause, op. cit.
35. A mecânica bohmiana tem essa característica de tratar os objetos quânticos como indivíduos, mas não trataremos dela aqui.
36. Ver, por exemplo, Halvorson; Clifton, No Place for Particles in Relativistic Quantum Theories?, *Philosophy of Science*, v.69, n.1, p.1-28, 2002.

não é capaz de fixar ou determinar sua metafísica e nem sua ontologia, as quais têm sempre um viés hipotético. O máximo que se pode fazer é fornecer algumas limitações para o que se pretende descrever, desempenhando, assim, um papel negativo. Por exemplo, como vimos anteriormente, sustentar uma metafísica de não indivíduos dentro de uma teoria matemática que encerre a lógica usual da identidade nos traz complicações filosóficas, ainda que seja mais fácil sob certo ponto de vista, não sendo necessário alterar a lógica subjacente. Claro que isso é lícito, mas parece que ao filósofo cabe justamente explorar novas possibilidades.

REFERÊNCIAS BIBLIOGRÁFICAS

ACZEL, A. D. *Entanglement*: the Greatest Mistery in Physics. New York: Four Walls Eight Windows, 2001.
ADAMS, R. M. Primitive Thisness and Primitive Identity. *Journal of Philosophy*, v.76, n.1, p.5-26, 1979.
AMERICAN MATHEMATICAL SOCIETY. Mathematics Subject Classification. 2000. Disponível em: http://www.ams.org/msc. Acesso em: 13 maio 2016.
ARENHART, J. R. B.; KRAUSE, D. Quantifier and the Foundations of Quasi-set Theory. *Principia*, v.13, n.3, p.251-68, 2009.
ARISTÓTELES. *On Interpretation*. Trad. E. M. Edghill. [S.l.]: MIT, 2009.
_____. *Metaphysics*. Trad. W. D. Ross. Austrália: The University of Adelaide, 2007. [ebooks@Adelaide.]
_____. *Metafísica*. Trad. Hernán Zucchi. 4.ed. Buenos Aires: Debolsillo, 2004.
AUYANG, S. *How is Quantum Field Theory Possible?* Princeton: Princeton University Press, 1995.
AVIGAD, J.; ZACH, R. The Epsilon Calculus. In: ZALTA, E. N. (Ed.). *The Stanford Encyclopedia of Philosophy*, 2008. [Fall 2008 Edition.]
AYER, A. J. *Language, Truth and Logic*. London: Penguin Books, 1990.

AYER, A. J. *Logical Positivism*. [S.l.]: Greenwood Press Print, 1978.

BACHELARD, G. *L'Activité rationaliste de la physique contemporaine*. Paris: Presses Universitaires de France, 1951. [Trad. parcial em *Epistemologia*. Rio de Janeiro: Zahar, 1977.]

BILETZKI, A.; MATAR, A. *The Story of Analytic Philosophy*. London; New York: Routledge, 1998.

BLACK, M. The Identity of Indiscernibles. *Mind*, n.61, p.153-64, 1952.

BLACKMORE, J. T. *Ernst Mach*: his Life, Work, and Influence. Berkeley; Los Angeles: University of California Press, 1972.

BOULOS, G. S.; BURGESS, J. P.; JEFFREY, R. C. *Computabillity and Logic*. 5.ed. Cambridge: Cambridge University Press, 2007.

BOURBAKI, N. *Theory of Sets*. [S.l.]: Hermann&Addison-Wesley, 1968.

BOYER, C. B. *História da matemática*. São Paulo: McGraw Hill, 1974.

BRAIDA, C. R.; KRAUSE, D. *Ontologia II*. Florianópolis: Universidade Federal de Santa Catarina, 2008.

BRIGNOLE, D.; DA COSTA, N. C. A. On Supernormal Ehresmann-Dedecker Universes. *Mathematische Zeitschrift*, n.122, p.342-50, 1971.

BROWN, C. *Peter Strawson*. Montreal; Kingston, Ithaca: McGill-Queen's University Press (Philosophy Now), 2006.

BUNGE, M. *Treatise on Basic Philosophy*. v.3: The Furniture of the Word. Dordrecht: Reidel, 1977.

BUTTERFIELD, J. *On Time in Quantum Physics*. 2012. Disponível em: http://philsci-archive.pitt.edu/9287/. Acesso em: 13 maio 2016.

CAO, T. Y. (Ed.). *Conceptual Foundations of Quantum Field Theory*. Cambridge: Cambridge University Press, 1999.

CARNAP, R. The Elimination of Metaphysics through the Logical Analysis of Language. In: AYER, A. J. (Ed.). *Logical Positivism*. New York: Free Press, 1959. p.60-81. [Trad. esp. AYER, A. J. (Ed.). *El positivismo logico*. México; Buenos Aires: Fondo de Cultura Económica, 1965. p.66-87.]

CARNAP, R. Empiricism, Semantics, and Ontology. *Revue Internationale de Philosophie*, n.4, p.20-40, 1950. Disponível em: http://www.ditext.com/carnap/carnap.html. Acesso em: 13 maio 2016.

CASTELLANI, E. (Ed.). *Interpreting Bodies*: Classical and Quantum Object in Modern Physics. Princeton: Princeton University Press, 1998.

CHATEAUBRIAND, O. Quine and Ontology. *Principia*, v.7, n.1/2, p.41-74, 2003.

CURD, P. Presocratic Philosophy. *The Stanford Encyclopedia of Philosophy*, 2007. [Fall 2008 Edition.]

DA COSTA, N. C. A. *Notas de aula*: Filosofia da Física. Universidade Federal de Santa Catarina, 2010. [não publicado.]

_____. Logic and Ontology. *Principia*, v.6, n.2, p.279-98, 2002.

_____. *O conhecimento científico*. São Paulo: Discurso, 1999.

_____. Foreward. *Journal of Non-Classical Logic*, v.1, n.1, p.i-ix, 1982.

_____. *Ensaio sobre os fundamentos da lógica*. São Paulo: Edusp; Hucitec, 1980.

_____; DORIA, F. A.; PAPAVERO, N. Meinong's Theory of Objects and Hilbert's ε-symbol. *Reports on Math. Logic*, n.25, p.119-32, 1991.

_____; FRENCH, S. *Science and Partial Truth*. Oxford: Oxford University Press, 2003.

_____; _____; BUENO, O. Is There a Zande Logic? *History and Philosophy of Logic*, v.19, n.1, p.41-54, 1998.

_____; KRAUSE, D.; BUENO, O. Paraconsistent Logics and Paraconsistency. In: JACQUETTE, D. (Ed.). Philosophy of Logic. *Handbook of the Philosophy of Science*, v.5, p.655-781, 2007.

DALLA CHIARA, M. L. An Approach to Intensional Semantics. *Synthese*, n.73, p.479-96, 1987.

_____; TORALDO DI FRANCIA, G. Individuals, kinds and names in physics. In: CORSI, G. et al. (Eds.). *Bridging the Gap*: Philosophy, Mathematics, and Physics. Dordrecht: Kluwer, 1993. p.261-83.

_____. *Le Teorie fisiche*: un'analisi formale. Torino: Boringhieri, 1981.

DECOCK, L. *Trading Ontology for Ideology*: the Interplay of Logic, Set Theory and Semantics in Quine's Philosophy. Dordrecht: Kluwer Ac. Pu., 2002. [Synthese Library, 313.]

DEHMELT, H. G. Experiment on the Structure of an Individual Elementary Particle. *Science*, New Series, v.247, n.4.942, p.539-45, 1990.

D'ESPAGNAT, B. *On Physics and Reality*. Princeton; Oxford: Princeton University Press, 2006.

_____. *State of Art and Perspectives*: Quantum Physics and the Ontological Problem. Disponível em: http://www.pul.it/irafs/CD%20IRAFS'02/texts/d'Espagnat.pdf. Acesso em: 13 maio 2016.

DUMMETT, M. *Origins of Analytical Philosophy*. 3.ed. Cambridge: Harvard University Press, 1994.

FALKENBURG, B. *Particle Metaphysics*. Berlin; Heidelberg: Springer, 2007.

FOSTER, T. Quine's NF – 60 Years On. *The American Mathematical Monthly*, v.104, n.9, p.838-45, 1997.

FRENCH, S. *Metaphysical Underdetermination*: Why Worry? 2010.

_____. On the Whitering Away of Physical Objects. In: CASTELLANI, E. (Ed.). *Interpreting Bodies*: Classical and Quantum Object in Modern Physics. Princeton: Princeton University Press, 1998. p.93-113.

_____; KRAUSE, D. Remarks on the Theory of Quasi-Sets. *Studia Logica*, v.95, n.1-2, p.101-24, 2010.

_____. *Identity in Physics*: a Historical, Philosophical, and Formal Analysis. Oxford: Oxford University Press, 2006.

GARRETT, B. *Metafísica*: conceitos-chave em filosofia. Porto Alegre: Artmed, 2008.

GELOWATE, G.; KRAUSE, D.; COELHO, A. M. N. Observações sobre a neutralidade ontológica da matemática. *Episteme*, n.17, p.145-57, 2005.

GHIRARDI, G. *Snaking a Look at God's Cards*. Princeton; Oxford: Princeton University Press, 2006.

GILMORE, R. *Alice no país do quantum*: a física quântica ao alcance de todos. Rio de Janeiro: Jorge Zahar, 1998.

GISIN, N. *Quantum Nonlocality*: How does Nature Perform the Trick? 2009. Disponível em: http://arxiv.org/abs/0912.1475v1. Acesso em: 3 jun. 2016.

GLASHOW, S. L. *El encanto de la física*. Trad. Antonio-Prometeo Moya. 2.ed. Barcelona: Tusquets Editores, 2000.

GOMES, E. L. *Sobre a história da paraconsistência e a obra de da Costa: a instauração da lógica paraconsistente*. Campinas, 2013. Tese (Doutorado) – Instituto de Filosofia e Ciências Humanas, Unicamp.

GONSETH, F. *Les Matématiques et la réalité*: essay sur la méthode axiomatique. Paris: Albert Blanchard, 1974.

GOODMAN, N. D. A Genuinely Intensional Set Theory. In: SHAPIRO, S. (Ed.). *Intensional Mathematics*. Dordrecht: Elsevier, 1985. p.63-79.

GREENE, B. *O universo elegante*: supercordas, dimensões ocultas, e a busca pela teoria final. São Paulo: Gradiva, 1999.

HALMOS, P. R. *Naive Set Theory*. New York: Springer, 1974.

_____. *Teoria ingênua dos conjuntos*. Trad. Irineu Bicudo. São Paulo: Edusp; Polígono, 1970.

HALVORSON, H.; CLIFTON, R. No Place for Particles in Relativistic Quantum Theories? *Philosophy of Science*, v.69, n.1, p.1-28, 2002.

HEBECHE, L. *Ontologia I*. Florianópolis: Universidade Federal de Santa Catarina, 2007.

HEIDEGGER, M. et al. *Os filósofos pré-socráticos*. São Paulo: Abril Cultural, 1973. [Coleção Os Pensadores.]

HEISENBERG, W. *A parte e o todo*. Rio de Janeiro: Contraponto, 1996.

_____. *Física e filosofia*. Brasília: Ed. da UnB, 1987.

_____. *Enconters with Einstein and other Essays on People, Places, and Particles*. Princeton: Princeton University Press, 1983.

HENKIN, L. Verdade e demonstrabilidade. In: MORGENBASSER, S. (Org.). *Filosofia da ciência*. São Paulo: Cultrix, 1979. p.53-64.

HEPPENHEIMER, T. A Positron Named Priscilla: Trapping and Manipulating Atoms. In: BARTUSIAK, M. et al. (Eds.). *A Positron Named Priscilla*: Trapping and Manipulating Atoms. Washington, D.C.: National Academy Press, 1994. p.34-59.

HILBERT, D.; ACKERMANN, W. *Principles of Mathematical Logic*. New York: Chelsea, 1950. [Há uma reimpressão pela American Mathematical Society de 1999.]

HODGES, W. Tarski's Truth Definitions. *The Stanford Encyclopedia of Philosophy*, 2006. [Fall 2008 Edition.]

IWAN, St. An Analysis of Quine's Ontological Reduction and the World of Numbers. *Erkenntnis*, v.53, n.1-2, p.195-218, 2000.

JAMMER, M. *The Philosophy of Quantum Mechanics*. New York: John Wiley & Sons, 1974.

JENNINGS, R. C. Zande Logic and Western Logic. *British J. Phil Sci.*, v.40, n.2, p.275-85, 1989.

KAPLAN, D. What is Russell's Theory of Descriptions? In: PEARS, D. F. (Ed.). *Bertrand Russell*: a Collection of Critical Essays. New York: Anchor Books, 1972. p.227-44. [Modern Studies in Philosophy, n.15.]

KETTERLE, W. Bose-Einstein Condensation: Identity Crisis for Indistinguishable Particles. In: EVANS, J.; THORNDIKE, A. S. (Eds.). *Quantum Mechanics at the Crossroad*: New Perspectives from History, Philosophy, and Physics. Berlin; Heiddelberg: Springer, 2007. p.159-82.

KLIMA, G. The Medieval Problem of Universals. *The Stanford Encyclopedia of Philosophy*, 2013. [Fall 2013 Edition.]

KNEALE, G.; KNEALE, M. *O desenvolvimento da lógica*. Lisboa: Calouste-Gulbekian, 1980.

KNEEBONE, G. T. *Mathematical Logic and the Foundations of Mathematics*. London: Van Nostrand, 1963.

KRAUSE, D. Is Priscilla, the Trapped Positron, an Individual? Quantum Physics, the Use of Names, and Individuation. *Arbor, Ciencia, Pensamiento y Cultura*, v.187, n.747, p.61-6, jan.-fev. 2011.

_____. The Metaphysics of Non-Individuality (2009). In: _____; VIDEIRA, A. (Eds.). Brazilian Studies in Philosophy and Hystory of Science: an Account of Recent Works. *Dordrecht'Springer*, p.257-67, 2011. [Boston Studies in the Philosophy of Science, 290.]

_____. Logical Aspects of Quantum (non-)Individuality. *Foundations of Science*, v.15, n.1, p.79-94, 2010.

_____. Essay Review: Doubt Truth to Be a Liar. *International Studies for the Philosophy of Science*, v.21, n.3, p.345-57, 2007.

_____. Lógica paraconsistente. *Scientific American Brasil*, nov. 2004.

KRAUSE, D. *Introdução aos fundamentos axiomáticos da ciência.* São Paulo: EPU, 2002.

_____; ARENHART, J. R. B.; MORAES, F. T. F. Axiomatization and Models of Scientific Theories. *Foundations of Science,* v.16, n.4, p.363-82, 2011.

KUHLMANN, M. Quantum Field Theory. *The Stanford Encyclopedia of Philosophy,* 2006. [Spring 2009 Edition.]

_____; LYRE, H.; WAYNE, A. (Eds.). *Ontological Aspects of Quantum Field Theory.* Singapore: World Scientific, 2002.

LAURENT, B. *Introduction to Spacetime:* a First Course on Relativity. Singapore: World Scientific, 1994.

LEIBNIZ, G. W. *Discourse of Metaphysics.* Trad. Daniel Garber; Roger Ariew. Indianápolis: Hackett Pu. Co., 1991.

_____. Correspondência com Clarke. *Newton & Leibniz* (I). São Paulo: Abril, 1979. [Coleção Os Pensadores.]

LÉVY-LEBLOND, J.-M.; BALIBAR, F. *Quantics:* Rudiments of Quantum Physics. Amsterdam: North-Holland-Elsevier, 1990.

LEWIS, D. K. *On the Plurality of Worlds.* Oxford: Blackwell, 1986.

LORENZEN, P. *A Constructive Introduction to Classical Analysis.* Austin: University of Texas Press, 1971.

LOUX, M. J.; ZIMMERMAN, D. W. (Eds.). *The Oxford Handbook of Metaphysics.* Oxford: Oxford University Press, 2003.

MALIN, S. *A natureza ama esconder-se.* São Paulo: Horus Editora, 2003.

MANIN, Y. I. Problems of Present Day Mathematics. In: BROWDER, F. (Ed.). *Proceedings of Symposia in Pure Mathematics:* Mathematics Arising from Hilbert Problems. v.28. parte 1. Rhode Island: American Mathematical Society, 1976.

MARCUS, R. B. *Modalities:* Philosophical Essays. New York: Oxford University Press, 1993.

MAREK, J. Alexius Meinong. *The Stanford Encyclopedia of Philosophy,* 2008. [Spring 2009 Edition.]

MARIAS, J. *História da filosofia.* São Paulo: Martins Fontes, 2004.

MAUDLIN, T. *The Metaphysics within Physics.* Oxford: Oxford University Press, 2007.

MENDELSON, E. *Introduction to Mathematical Logic.* 4.ed. London: Chapmann & Hall, 1997.

MILLER, B. Existence. *The Stanford Encyclopedia of Philosophy*, 2002. [Fall 2009 Edition.]

NORTON, J. D. The Hole Argument. *The Stanford Encyclopedia of Philosophy*, 2011. Disponível em: http://plato.stanford.edu/archives/fall2011/entries/spacetime-holearg. Acesso em: 13 maio 2016.

ORENSTEIN, A. *W. V. Quine*. Princeton: Princeton University Press, 2002.

PALMER, J. Parmenides. *The Stanford Encyclopedia of Philosophy*, 2008. [Fall 2008 Edition.]

PEIRCE, C. S. How to Make our Ideas Clear. *Popular Science Monthly*, n.12, p.286-302, 1878. Disponível em: http://www.peirce.org/writings/p119.html. Acesso em: 13 maio 2016.

PELLETIER, F. J.; LINSKY, B. *What Is Frege's Theory of Descriptions?* [s.d.]. Disponível em: http://www.sfu.ca/~jeffpell/papers/PellLinskyFregeDesc.pdf. Acesso em: 13 maio 2016.

PENROSE, R. *The Road to Reality*. New York: Alfred A. Knopf, 2005.

PESSOA JR., O. *Conceitos de física quântica*. v.II. São Paulo: Livraria da Física Editora, 2006.

_____. *Conceitos de física quântica*. v.I. São Paulo: Livraria da Física Editora, 2003.

PIAGET, J. *A construção do real na criança*. São Paulo: Ática, 2003.

PLATÃO. *O sofista*. Trad. Carlos Alberto Nunes. 2003. Disponível em: http://www.ebooksbrasil.org/eLibris/sofista.html. Acesso em: 13 maio 2016.

PRÉ-SOCRÁTICOS. *Os filósofos pré-socráticos*. São Paulo: Abril Cultural, 1973. [Coleção Os Pensadores.]

PRIEST, G. *Doubt Truth to be a Liar*. Oxford: Oxford University Press, 2006.

QUINE, W. V. *The Philosophy of W. V. Quine*. v.XVIII. 2.ed. The Library of Living Philosophers, 1998.

_____. *Pursuit of Truth*. Cambridge: Harvard University Press, 1990.

_____. *Philosophy of Logic*. 2.ed. Cambridge: Harvard University Press, 1986.

_____. Ontology and Ideology Revisited. *Journal of Philosophy*, v.80, n.9, p.499-502, 1983.

QUINE, W. V. Sobre o que há. In: *Ryle, Strawson, Austin, Quine*. São Paulo: Abril Cultural, 1980. [Coleção Os Pensadores.]
_____. Whither Physical Objects? In: COHEN, R. et al. (Eds.). *Essays in Memory of Imre Lakatos*. Dordrecht: Reidel, 1976. p.497-504.
_____. *Ontological Relativity and Other Essays*. New York: Columbia University Press, 1969.
_____. Ontological Relativity. *J. of Philosophy*, v.65, n.7, p.185-212, 1968.
QUINTON, A. *The Nature of Things*. London: Routledge & Kegan-Paul, 1973.
REISER, O. L. Modern Science and non-Aristotelian Logic. *The Monist*, v.46, n.2, p.299-317, 1936.
RESCHER, N. Idealism. In: AUDI, R. (Ed.). *The Cambridge Dictionary of Philosophy*. 2.ed. Cambridge: Cambridge University Press, 1999.
RICKLES, D.; FRENCH, S.; SAATSI, J. *The Structural Foundations of Quantum Gravity*. Oxford: Clarendon Press, 2006.
ROUTLEY, R. *Exploring Meinong's Jungle and Beyond*. Canberra: Autralian National Un., Research School of Social Sciences, 1980.
ROVELLI, C. The Disappearance of Space and Time. In: DIEKS, D. (Ed.). *Philosopy and Foundations of Physics*. v.1: The Ontology of Spacetime. Amsterdam: Elsevier, 2006. p.25-36.
RUNDLE, B. *Time, Space, and Metaphysics*. Oxford: Oxford University Press, 2009.
RUSSELL, B. *História da filosofia ocidental*. v.3. São Paulo: Cia. Ed. Nacional, 1977.
_____. *Introdução à filosofia matemática*. Rio de Janeiro: Zahar, 1974.
_____. On Denoting. *Mind*, n.14, p.479-93, 1905. [Reimpresso várias vezes, por exemplo em *Logic and Knowledge*. Routledge, 1956. Nossas referências são da versão original.]
SALECKER, H.; WIGNER, E. Quantum Limitations of the Measurement of Space-Time Distances. *Physical Review*, n.109, p.571-7, 1958.
SAUNDERS, S. et al. (Eds.). *Many Worlds?* Everett, Quantum Theory, and Reality. Oxford: Oxford University Press, 2010.

SCHRÖDINGER, E. What Is an Elementary Particle. In: *Science, Theory and Man*. London: Allen and Unwin, 1957. p.193-223.
_____. What is Matter? *Scientific American*, p.52-7, set. 1953.
SIMPSON, T. M. *Linguagem, realidade e significado*. Trad. Paulo Alcoforado. São Paulo: Livraria Francisco Alves; Edusp, 1976.
SMITH, R. Aristotle's Logic. *Stanford Encyclopedia of Philosophy*. 2007. Disponível em: http://plato.stanford.edu/entries/aristotle-logic/. Acesso em: 13 maio 2016.
STRAWSON, P. F. *Introduction to Logical Theory*. London: Methuen & Co., 1952.
_____. On Referring. *Mind*, New Series, v.59, n.235, p.320-44, 1950.
STROLL, A. *La filosofía analítica del siglo XX*. Madrid: Siglo Veintiuno de España Ed., 2002.
SUPPES, P. *Representation and Invariance*. Stanford: CLSI, 2002.
_____. O que é uma teoria científica? In: MORGENBASSER, S. (Org.). *Filosofia da ciência*. São Paulo: Cultrix, 1979. p.109-23.
_____. *Introduction to Logic*. Amsterdam: North-Holland, 1959.
SYMONS, J. A Sketch of the History and Methodology of Ontology in the Analytic Tradition. 2009. Disponível em: http://www.johnsymons.net/wp-content/uploads/2012/05/Ontology-and-Methodology-in-Analytic-Philosophy.pdf.
TARSKI, A. *A concepção semântica de verdade*: textos clássicos de Tarski. São Paulo: Ed. Unesp, 2007.
_____. Truth and Proof. *Scientific American*, p.63-70, 75-7, jun.1969.
_____; GIVANT, S. *A Formalization of Set Theory without Variables*. Rhode Island: American Mathematical Society, 1985. [Colloquium Publications, n.41.]
TELLER, P. Quantum Mechanics and Haecceities. In: CASTELLANI, E. (Ed.). *Interpreting Bodies*: Classical and Quantum Object in Modern Physics. Princeton: Princeton University Press, 1998. p.114-41.
TORALDO DI FRANCIA, G. *Le cose e i loro nomi*. Bari: Laterza, 1986.
_____. *The Investigation of the Physical World*. Cambridge: Cambridge University Press, 1981.

WEINBERG, S. *Dreams of a Final Theory*: the Search for the Fundamental Laws of Nature. London: Vintage, 1993.

WITTGENSTEIN, L. *Tractatus Logico-Philosophicus*. Trad. D. F. Pears; B. F. McGuiness. Introd. Bertrand Russell. London; New York: Routledge, 1994.

ZEILINGER, A. *A face oculta da natureza*: o novo mundo da física quântica. São Paulo: Globo, 2005.

ÍNDICE REMISSIVO

$\imath x F(x)$
significado de 51

A
Ackermann, W. 107
Agostinho, Santo
  e o tempo 189
Andrônico de Rodes 15
aprisionamento de partículas 167-8
Aristóteles 15, 35n, 76-7, 99, 111-3, 124-6, 161-3, 189-91
  ciência para 101-4
  como o pai da Lógica 100
  e a verdade 85
  proposições categóricas 77
atomismo lógico 24
Austin, J. L. 19
automorfismo 97, 201-2
Auyang, S. 150
axioma da escolha 71-2, 96, 127, 129-30, 132
Ayer, A. J. 21, 115
azande 113-4

B
Bachelard, G. 109
Balibar, F. 149, 173
Barcan Marcus, R. 135
boa ordem 96
Bohm, D. 149, 162n, 172
Boole, G. 103, 104n, 106
Bosanquet, B. 19
bóson de Higgs 145, 174
Bourbaki, N. 72, 81, 129n, 201
Bradley, F. H. 19
Brentano, F. 120
Bunge, M. 90, 93-4, 150n, 212

C
Cantor, G. 83, 131-2
Cao, T. Y. 146, 151
Carnap, R. 19, 20, 22, 115
  contra Heidegger 21
  questões internas e externas 21
Chateaubriand, O. 75-6, 89
Círculo de Viena 20, 23
Cohen, P. J. 130
  matemáticas não cantorianas 130
coisas em si 17
comprometimento ontológico 18, 27, 30, 33, 75-81, 84-5, 92, 196-9, 212
condensado de Bose-Einstein 197-8
conjuntos
  teoria paraconsistente de 93

conjunto universal 93
　existe em NF 133
　não existe em ZFC 132
Crisipo 106

D
da Costa, N. C. A. 38, 72-3, 107-16, 134
Dalla Chiara, M. L. 114, 177, 183, 196, 211
definição(ões) contextual(is) 51, 58-9, 84
Dehmelt, H. G. 166-7, 170-2, 175-6
descrições 14, 22, 27-8, 47
descrições definidas
　o que são 50
descrições indefinidas
　o que são 50
descritor 51
D'Espagnat, B. 214
Destouches, J.-L. 114
dialeteísmo 45n, 115n
Dirac, P. A. M. 148
discernibilidade
　versus individualidade 186-7
Doria, F. A. 72
Dummett, M. 19-20
Duns Scotus 154-5

E
efeito túnel 159
efeito Unruh 18, 191
Einstein, A. 143, 180, 192
　teoria e observação 214-5
emaranhamento 155-6, 162, 191-3, 219
Enriques, F. 102, 109
entidades sem identidade 195-6, 198-205, 212
espaço e tempo 190, 193
　absolutos 90, 148, 189
　relativos 190
Euclides 34, 101, 104, 125
　e a lógica aristotélica 104
　existem infinitos números primos 34-5

Everett, H. 158n
existência 16, 19, 29, 35, 44
　como um predicado 60-1, 78, 119-20
　de conjuntos 63, 65, 72, 79, 93, 130-3
　de Deus 16, 118-9
　discussão geral 63, 121, 124-7
　em Kant 118-9
　e quantificação 36, 77, 117-24
existência e subsistência 28, 43, 47-8, 54
extensionalidade modal 177

F
Feigl, H. 21
Février, P. 114
ficções 30, 61-2, 145
filosofia analítica 19, 24-5, 27, 30, 32, 37, 42
　caracterização 19-20
　física de partículas 141, 144-5, 150-1, 178
física quântica 13, 16, 111n, 138, 142, 148, 155, 160, 163, 187
Foster, T. 91
Fourier, J. 179
Frege, G. 40, 51n, 52, 56, 67, 106, 120, 122, 202, 208
　e a visão linguística da lógica 78, 104-8
French, S. 14, 195n, 219
futuros contingentes 103

G
Gell-Mann, M. 144
Gisin, N. 192-3
Glashow, S. L. 145, 151
Gödel, K.
　teoremas de incompletude 127
Gonseth, F. 109, 114
Goodman, N. 177
gravitação quântica 141, 150

H
Hahn, H. 21
haecceity 154
Hebeche, L. 29
Heidegger, M. 14, 21
Heisenberg, W. 32, 143, 148, 172, 214, 216
Heráclito 35n, 111n, 114
Hilbert, D. 36, 53, 107, 148, 151, 155-6
   e o símbolo ε 70-2
   existência para 36
Husserl, E. 14

I
idealismo 19
   monismo 24
identidade
   axiomas da 53
   critério de 75, 87-93
   entidades sem 87, 92, 135, 198-205
   implicando individualidade 88
   lei da substitutividade 53
   lei reflexiva da 53
   no esquema de Quine 87, 92, 94
   o que é? 88, 94-8
   teoria da 89, 91-2, 95, 139, 205-12
   transtemporal 110n
   ver princípio da identidade
indiscernibilidade 95, 160-7
   em uma estrutura 201
individuação
   teorias de pacotes de propriedades 154, 186-9
   teorias de substrato 154, 186-9
individualidade 88
   transcendental 186
indivíduo
   caracterização 153
indivíduos 95
interferômetro de Mach-Zehnder 191
intuicionismo 36

J
Jammer, M. 193

K
Kant, I. 17, 102-3, 112, 118-9
   e a existência 118
Kaplan, D. 84
   quinizar o nome e russellizar a descrição 84
Ketterle, W. 163, 165
Kochen-Specker
   teorema de 44
Kripke, S. 23, 58, 62, 64, 174
Kuhlmann, M.
   e a Ontologia 17

L
Laboratório Ousia 29n
Leibniz, G. W. 53, 64, 88, 103-4, 106, 154, 160, 190
   a evolução da lógica 106
lei da dupla negação 40
lei de Leibniz 53, 205, 207
lei de Scotus 35
Lévy-Leblond, J.-M. 149
Lewis, D. 23, 62
   realismo modal 63-5
LHC 145n, 151
lógica
   a disciplina 100
   a grande lógica 107
   a priori 109
   a priori ou empírica? 109-14
   aristotélica 65-6, 77, 103-4, 109, 111-2, 123
   com o descritor 68-9
   como *física do objeto qualquer* 114
   com o símbolo de Hilbert 70-1
   de Jaśkowski 40
   de primeira ordem semântica para 108, 120
   difusa 100
   dos azande 114
   e ontologia 99-140
   intensional 108
   intuicionista 33n, 35-6, 40, 107, 133

meinonguiana 72-3
modal 62, 176
moderna
    avanços da 78
não adjuntiva 40
não aristotélica 124-5
não clássica 32, 102, 107-8
o que é uma 111
origem das leis da 110
paraclássica 40
paracompleta 107
paraconsistente 36, 40, 63, 72, 107, 114-5, 134
polivalente 102, 107
princípios clássicos 37-41
tradicional
    revolução da 103-7
Lorenzen, P. 123
Lorhard, J.
    Ogdoas Scholastica 16
Lucrécio 179
Łukasiewicz, J. 124

M

matemática grega 101
mecânica quântica 17, 23, 44, 88, 137-9, 148, 150, 172, 187, 190
    espaço e tempo em 90, 148, 193
    interpretação dos muitos mundos 64
    ontologia da 17, 76
    superposição de estados 64
Meinong, A. 28, 45-6
    respostas a Russell 45-8
    teoria de objetos 41-5
metafísica 7, 15-6, 21
    de Aristóteles 15
    o sentido da palavra 15n
metaphysica generalis 16
metaphysica specialis 16
método axiomático
    origem do 125
Micraelius, J. 16
Modelo Padrão 141, 145, 147, 151

Modus Ponens 78, 121
Moore, G. 19

N

Nagel, E. 115
não indivíduos 93, 144, 172-7
    Ontologia de 94, 195-220
Neurath, O. 21
Newton, I. 66, 90, 148, 180, 189, 190n, 216
Nietzsche, F. 112n

O

objeto quântico 143, 149, 155, 157, 161, 167-8, 171
ontologia
    analítica 14, 19, 24
    da mecânica quântica 17
    e a ciência presente 13
    e física 13
    e lógica 13
    em sentido tradicional 7
    mudança de 17
    naturalizada 16
    origem da palavra 15-6
    relativa a uma teoria 17
    sentido corrente do termo 18
operador de descrição 51
    ver descritor
oposições
    quadrado das 42, 44

P

Papavero, N. 72
paraconsistente
    objeto 44
paradoxo de Banach-Tarski 130
Parmênides
    o poema de 29
partícula Ω^- 144
partículas e ondas 17, 31, 144-54
partículas virtuais 30-1
Pauli, W. 162, 210
Peano, G. 104

Peirce, C. S. 78, 104, 106, 181-2
  concepção de verdade 181*n*
Penrose, R. 189
Pessoa Jr., O. 149, 158
Piaget, J. 203-4
Pitágoras 58, 101
Planck, M. 209
  escala de 145, 181, 188
  fórmula de 161, 164, 209-10
Platão 23, 29, 50, 161
Post, H. 153*n*, 186, 211
postulados
  de uma teoria 126
postulados de ZF
  esquema da separação 128
  esquema da substituição 129
  extensionalidade 128
  par 128
  potência 128
  regularidade/fundamento 128
  união 128
postulados de ZFC
  escolha 129
predicados vagos 116
Priest, G. 40, 115*n*
princípio
  da contradição 37, 44, 47-8, 107, 110, 124, 133
    várias formulações do 39
  da extensionalidade 91
  da identidade 37, 53, 107, 132
    várias formulações do 37
  da identidade dos indiscerníveis 88, 154, 187
  da impenetrabilidade 146
  da indiscernibilidade dos idênticos 53, 88
  de Frege 40
  do terceiro excluído 33*n*, 38, 45-6, 96*n*, 107, 132
    várias formulações do 39
princípio da contradição 39, 44, 47-8, 107, 124, 133
problema ontológico 27
  as duas faces do 28-30
  e Meinong 45-6
proposições categóricas 44, 77, 103

Q

quantificadores
  axiomas para 120-1
  como predicados *de segunda ordem* 122
  definição dos 71
  e existência 77, 119
  generalização existencial 71, 78, 120
  instanciação universal 120
  interpretação objectual 82
  interpretação substitucional 82-3
  interpretações dos 36, 82-3
quase-conjuntos 185, 195*n*, 198-9
  como pano de fundo 212
quase-verdade 183
Quine, W. van O. 19, 23, 27, 61, 75, 88
  comprometimento ontológico 30, 33, 75, 81
  e a identidade 75, 87, 94-7
  e a linguagem quantificacional 77, 79, 90
  e o problema ontológico 27-8
  e o uso de variáveis 75, 77, 81
  e sua definição de identidade 51
  expressões sincategoremáticas 79
  extensionalismo 87
  proxy function 87
  redução ontológica 75, 89, 92
  temas ontológicos 75

R

redução ao absurdo 34, 100
  na prova de Anselmo 118-9
redução ontológica 87-94
Reiser, O. 125
relatividade geral
  teoria da 18*n*
Rescher, N. 19
Rosser, B. 90-1
Routley, R. 46

Russell, B. 19-26, 33, 41, 49, 57-61, 65, 84, 104, 208
conjunto de 63, 93, 113, 133-4, 137
críticas a Meinong 45-8
e a prova de Anselmo 120
teoria das descrições 27, 49-56, 83, 120
Ryle, G. 19, 41

S
Santo Anselmo 118, 120
existência de Deus 118-9
Schrödinger, E. 148-9, 152, 155, 172, 210, 216
contra a identidade de partículas 170
emaranhamento 155-6, 191
equação de 155
Sein 43-4
sentido e referência 56
Simpson, T. M. 28, 66
sistema trivial 36
Sosein 43
contraditória 44
contraria 44
Strawson, P. F. 23, 58
críticas a Russell 65-8
Stroll, A. 24, 42, 56
subdeterminação da metafísica 219
Suppes, P. 214, 218

T
Tarski, A. 81, 85, 106, 108, 127, 130
e a concepção semântica da verdade 85
esquema de sua semântica 86
o *esquema T* 85
teologia 16
teorema
da compacidade 108
da correção 138n
de incompletude 127, 202
de Kochen-Specker 44
de Lindström 108
de Löwenheim-Skolem 108
de Pitágoras 101
fundamental da aritmética 34
teoria de conjuntos
as teorias de Quine 90-1, 92n
existência de várias 89
neutralidade das 90
teoria quântica de campos
ontologia da 17
termos singulares
eliminação dos 61
thisness 154
Toraldo di Francia, G. 116, 161, 179, 183, 196, 203
mundo em objetos 203, 211

U
universo conjuntista 130-1, 201-2

V
vácuo 18n
Vasiliev, N. 124
verdade 85-7
adequação material 85
correção formal 86

W
Wang, H. 90-1
Weinberg, S. 142, 173, 179-81
Whitehead, A. N. 49, 51n
Wittgenstein, L. 19-21, 24, 41
e o *Tractatus* 20

Z
Zeilinger, A. 151
Zenão de Cítio 106
e a escola megárica 106
Zenão de Eleia 34, 102, 106
e a redução ao absurdo 100
Zermelo, E. 22, 81, 91, 96, 108, 123, 127, 129, 136
Zucchi, H. 15-6

Impressão e acabamento

SOBRE O LIVRO

Formato: 14 x 21 cm
Mancha: 23,7 x 40,1 paicas
Tipologia: Horley Old Style MT 10,5/14
Papel: Offset 75 g/m² (miolo)
Cartão Supremo 250 g/m² (capa)
1ª edição Editora Unesp: 2017

EQUIPE DE REALIZAÇÃO

Copidesque
Adriana Ayami Takimoto Zemantauskas

Revisão
Sandra Kato
Fabio Storino

Capa
Estúdio Bogari

Editoração Eletrônica
Nobuca Rachi

Assistência Editorial
Alberto Bononi
Jennifer Rangel de França